ITALIANO em 5 MINUTOS DIÁRIOS

Italiano em 5 minutos diários

martins fontes
selo martins

© 2014 Martins Editora Livraria Ltda., São Paulo, para a presente edição.
© 2011 Berlitz Publishing/APA Publications GmbH & Co. Verlag KG,
Singapore Branch, Singapore.
Esta obra foi originalmente publicada em inglês
sob o título *5-Minute Italian* por APA Publications GmbH & Co. Verlag KG.

Todos os direitos reservados.
Berlitz Trademark Reg. US Patent Office and other countries. Marca Registrada.
Used under license from Apa Publications (UK) Ltd.

Publisher	*Evandro Mendonça Martins Fontes*
Coordenação editorial	*Vanessa Faleck*
Produção editorial	*Heda Maria Lopes*
Projeto de capa	*Marcela Badolatto*
Projeto gráfico	*Wee Design Group*
Diagramação	*Edinei Gonçalves*
Autor	*Dr. Emanuele Occhipinti*
Tradução	*Luciana Garcia*
	Luiza M. A. Garcia
Preparação	*Pamela Guimarães*
Revisão	*Renata Sangeon*
	Juliana Amato Borges

1ª edição fevereiro/2014   **1ª reimpressão** abril/2016
Fonte Futura   **Papel** Offset 90 g/m²
Impressão e acabamento Cromosete

Dados Internacionais de Catalogação na Publicação (CIP)
(Câmara Brasileira do Livro, SP, Brasil)

Italiano em 5 minutos diários / APA Publications (UK) Limited; traduzido por Luciana Garcia, Luiza M. A. Garcia. -- 1. ed. -- São Paulo: Martins Fontes – selo Martins, 2013. -- (Série 5 minutos diários)

Título original: 5-Minute Italian.
ISBN: 978-85-8063-123-4

1. Italiano - Estudo e ensino I. APA Publications. II. Série.

13-10588   CDD-458.07

Índices para catálogo sistemático:
1. Italiano : Estudo e ensino   458.07

Nenhuma parte desta obra pode ser reproduzida, armazenada em sistema de recuperação ou transmitida de nenhuma forma ou meio eletrônico ou mecânico, inclusive por fotocópia, gravação ou outro, sem a prévia permissão por escrito de APA Publications.

Todos os direitos desta edição reservados à
Martins Editora Livraria Ltda.
*Av. Dr. Arnaldo, 2076
01255-000 São Paulo SP Brasil
Tel.: (11) 3116 0000
info@emartinsfontes.com.br
www.emartinsfontes.com.br*

Sumário

Como usar este livro 07
Pronúncia 08

UNIDADE 1 — Cumprimentos e apresentações

Lição 1	Buon giorno!	10
Lição 2	Frases úteis	11
Lição 3	Palavras úteis	12
Lição 4	Gramática	13
Lição 5	Di dov'è?	14
Lição 6	Palavras úteis	15
Lição 7	Frases úteis	16
Lição 8	Gramática	17
	Unidade 1 Revisão	18

UNIDADE 2 — Substantivos e números

Lição 1	La cartolina	19
Lição 2	Palavras úteis	20
Lição 3	Frases úteis	21
Lição 4	Gramática	22
Lição 5	L'identità	23
Lição 6	Palavras úteis	24
Lição 7	Frases úteis	25
Lição 8	Gramática	26
	Unidade 2 Revisão	27

UNIDADE 3 — Hora e data

Lição 1	Che ore sono?	28
Lição 2	Frases úteis	29
Lição 3	Palavras úteis	30
Lição 4	Gramática	31
Lição 5	Cose da fare	32
Lição 6	Palavras úteis	33
Lição 7	Frases úteis	34
Lição 8	Gramática	35
	Unidade 3 Revisão	36

UNIDADE 4 — Família

Lição 1	Una foto di famiglia	37
Lição 2	Palavras úteis	38
Lição 3	Frases úteis	39
Lição 4	Gramática	40
Lição 5	L'albero genealogico	41
Lição 6	Palavras úteis	42
Lição 7	Frases úteis	43
Lição 8	Gramática	44
	Unidade 4 Revisão	45

UNIDADE 5 — Refeições

Lição 1	Ho fame!	46
Lição 2	Palavras úteis	47
Lição 3	Frases úteis	48
Lição 4	Gramática	49
Lição 5	Al ristorante	50
Lição 6	Palavras úteis	51
Lição 7	Frases úteis	52
Lição 8	Gramática	53
	Unidade 5 Revisão	54

UNIDADE 6 — Clima e temperatura

Lição 1	Che tempo fa?	55
Lição 2	Palavras úteis	56
Lição 3	Frases úteis	57
Lição 4	Gramática	58
Lição 5	Che sta facendo?	59
Lição 6	Frases úteis	60
Lição 7	Palavras úteis	61
Lição 8	Gramática	62
	Unidade 6 Revisão	63

Italiano em 5 minutos diários

Sumário

UNIDADE 7 — Compras

Lição 1	Il negozio d'abbigliamento	64
Lição 2	Frases úteis	65
Lição 3	Palavras úteis	66
Lição 4	Gramática	67
Lição 5	Come vuole pagare?	68
Lição 6	Frases úteis	69
Lição 7	Palavras úteis	70
Lição 8	Gramática	71
	Unidade 7 Revisão	72

UNIDADE 8 — Viagens e férias

Lição 1	Dov'è la stazione?	73
Lição 2	Palavras úteis	74
Lição 3	Frases úteis	75
Lição 4	Gramática	76
Lição 5	Arrivi e partenze	77
Lição 6	Palavras úteis	78
Lição 7	Frases úteis	79
Lição 8	Gramática	80
	Unidade 8 Revisão	81

UNIDADE 9 — Profissões

Lição 1	Un colloquio di lavoro	82
Lição 2	Palavras úteis	83
Lição 3	Frases úteis	84
Lição 4	Gramática	85
Lição 5	Modulo di assunzione	86
Lição 6	Palavras úteis	87
Lição 7	Frases úteis	88
Lição 8	Gramática	89
	Unidade 9 Revisão	90

UNIDADE 10 — Em casa/Saindo para passear

Lição 1	Aiutami!	91
Lição 2	Palavras úteis	92
Lição 3	Frases úteis	93
Lição 4	Gramática	94
Lição 5	Dove sei stato?	95
Lição 6	Palavras úteis	96
Lição 7	Frases úteis	97
Lição 8	Gramática	98
	Unidade 10 Revisão	99

UNIDADE 11 — Corpo e saúde

Lição 1	Sono malato	100
Lição 2	Palavras úteis	101
Lição 3	Frases úteis	102
Lição 4	Gramática	103
Lição 5	La medicina	104
Lição 6	Palavras úteis	105
Lição 7	Frases úteis	106
Lição 8	Gramática	107
	Unidade 11 Revisão	108

Glossário 109
Respostas 118

Berlitz — Italiano em 5 minutos diários

Como usar este livro

Ao usar *Italiano em 5 minutos diários*, em pouco tempo você poderá começar a falar italiano. O programa *Italiano em 5 minutos diários* apresenta um novo idioma e capacita o estudante a falar imediatamente. Reserve alguns minutos antes ou depois do trabalho, à noite, antes de dormir, ou em qualquer horário que lhe pareça adequado para manter a disciplina de uma aula diária. Se quiser, você pode até mesmo avançar e praticar duas aulas por dia. Divirta-se enquanto estiver aprendendo: você falará italiano antes do que imagina.

- O livro está dividido em 99 lições. Cada uma delas oferece a oportunidade de um aprendizado prático que pode ser concluído em poucos minutos.
- Cada unidade possui 8 lições, que apresentam vocabulário-chave, frases e outras informações necessárias à prática cotidiana do idioma.
- Uma revisão ao final de cada unidade proporciona a oportunidade de testar o seu conhecimento antes de prosseguir.

- Por meio da linguagem e da atividade cotidiana são apresentados o vocabulário, as frases e a gramática abordados nas lições. Você verá diálogos, cartões-postais, e-mails e outros tipos comuns de correspondência em italiano.
- Você poderá ouvir os diálogos, os artigos, os e-mails e outros textos no CD de áudio deste livro.

- Nestas aulas, você encontrará frases úteis para as conversas do dia a dia. Você poderá ouvi-las no programa de áudio.
- As "Frases extras" enriquecerão o seu conhecimento e entendimento do italiano cotidiano. Embora elas não sejam praticadas nas atividades, estão presentes para aqueles que querem aprendê-las.

Áudio – *Italiano em 5 minutos diários*

Ao ver este ícone , você saberá que deve ouvir a faixa especificada do CD de áudio de *Italiano em 5 minutos diários*.

- As "Palavras essenciais" trazem o vocabulário relacionado ao tema da aula. Em algumas aulas, essas palavras são divididas em subcategorias. Você poderá ouvi-las em nosso programa de áudio.
- As "Palavras extras" complementam o vocabulário.

DICA

Este boxe está presente para expandir seu conhecimento do italiano. Você encontrará convenções extras do idioma e outras informações úteis sobre como falar italiano.

- Não se assuste. A gramática abrange as partes básicas do discurso que você precisará conhecer para falar italiano de maneira fácil e fluente.
- Do emprego de verbos à formulação de perguntas, o programa *Italiano em 5 minutos diários* proporciona explicações e exemplos rápidos e fáceis sobre como utilizar essas estruturas.

DICA CULTURAL

Este boxe apresenta informações culturais úteis sobre países de língua italiana.

Unidade Revisão Aqui você terá a chance de praticar o que aprendeu.

Desafio
Amplie ainda mais seu conhecimento com uma atividade desafiadora.

DICA DE PRONÚNCIA

Este boxe ensina ferramentas específicas de pronúncia. Você aprenderá mais a cada nova lição!

Atividade na internet

- Acessando o site **www.berlitzbooks.com/5minute**, você poderá testar suas habilidades relacionadas ao novo idioma. Basta procurar o ícone do computador.

Pronúncia

Esta seção foi desenvolvida para que você se familiarize com os sons do italiano. Para isso, foi usada uma descrição fonética bastante simplificada, que parte de exemplos dos sons de nossa língua. No entanto, nem sempre há equivalentes no português. Nesses casos, os exemplos aproximados apresentados aqui e principalmente o uso frequente do CD de áudio que acompanha este volume poderão auxiliá-lo a chegar a uma pronúncia eficaz para a comunicação.

É importante observar que existem algumas diferenças de pronúncia entre as várias regiões da Itália. Por se tratar de um guia simplificado, essas diferenças não serão abordadas aqui.

Consoantes

As letras **b**, **d**, **f**, **k**, **m**, **n**, **p**, **t** e **v** têm, em italiano, relativamente a mesma correspondência da grafia e do som da língua portuguesa.

Letra	Pronúncia aproximada	Exemplo
c	1. antes de **e** e **i**, pronuncia-se como **tch** de *tchau*	**c**entro
	2. nos outros casos, pronuncia-se como **c** de *casa*	**c**onto
cc	antes de **e** e **i**, pronuncia-se como **tch** de *tchau*	ca**cc**iare
ch	som de **q**, como em *que*	**ch**e
g	1. antes de **e** e **i**, som de **dj**, como em *jeans*	vali**g**ia
	2. nos outros casos, como **g** de *gato*	**g**atto
gg	antes de **e** e **i**, som de **dj** mais prolongado	via**gg**io
gh	som de **gu**, como em *guia*	**gh**iaccio
gli	som de **lh**, como em *filho*	fi**gli**o
gn	som de **nh**, como em *banho*	ba**gn**o
gu	som de **gu** como em *água*	**gu**erra
h	sempre mudo	**h**o
l	não pronunciar **l** com som de **u**, como em português	ca**l**ci
r	som de **r** como em *carona*	**R**oma
rr	som de **r** duplo forte, sem semelhante em português	a**rr**ivare
s	muitas vezes, entre vogais, tem o som de **z**	ro**s**a
sc	antes de **e** e **i**, som de **ch**, como em *chifre*	u**sc**ita
z/zz	1. geralmente como **z** de *pizza*	gra**z**ie, me**zz**o
	2. em outros casos, com som de **dz**	**z**ero

Importante:

A pronúncia das consoantes duplas deve ser mais prolongada, mais demorada do que a de uma consoante normal. Exemplos: nonno, patto, mamma, cappuccino, detto etc.

Vogais

Os sons das vogais em italiano correspondem aos sons das vogais em português.

Letra	Pronúncia aproximada	Exemplo
a	aberto, como em p**a**i, mesmo que átono	g**a**tto
e	1. fechado como em c**e**ra; pode ser tônico ou átono	s**e**ra
	2. aberto como em **e**ra; é sempre tônico	d**e**stra
i	como em am**i**go	s**ì**
o	1. fechado como em n**o**ite	n**o**tte
	2. aberto como em s**o**l	s**o**le
u	como em r**u**mo	**u**no

Importante:
- Diferentemente do que ocorre no português, quando sucedidas de **m** ou **n**, as vogais no italiano não são nasalizadas.
- A letra **o** não deve ser lida com som de **u** quando estiver no final da palavra, como geralmente acontece no português.

Encontros vocálicos

ae	paese
ao	Paolo
au	auto
eo	museo
eu	euro
ei	lei
ia	piazza
ie	piede
io	io
iu	più
ua	quale
ue	questo
ui	qui
uo	può

Unidade 1 — Cumprimentos e apresentações

Nesta unidade você aprenderá:
- cumprimentos.
- a dizer o seu nome e de onde você é.
- os pronomes pessoais e os dois usos do verbo *essere*.
- frases comuns sobre nacionalidades e países.

LIÇÃO 1 — Buon giorno!

Diálogo

Lisa encontra seu novo vizinho, Marco. Ouça Lisa apresentando-se e perguntando a Marco de onde ele é.

Lisa Buon giorno. Mi chiamo Lisa. Come si chiama?

Marco Mi chiamo Marco. Piacere!

Lisa Sono italiana. E Lei? Di dov'è?

Marco Sono svizzero.

Lisa Piacere di conoscerla.

Marco Anch'io. A presto!

DICA

Na fala, omite-se o pronome pessoal. Por exemplo, em vez de *Io sono italiana*, você deve dizer *Sono italiana*.

Atividade A
Circule **V** para verdadeiro e **F** para falso.

1. Esse encontro acontece durante o dia.   V / F
2. Marco está feliz em conhecer Lisa.   V / F
3. Lisa é da Suíça.   V / F
4. Marco é da Itália.   V / F

Atividade B
Complete os espaços com frases e perguntas do diálogo.

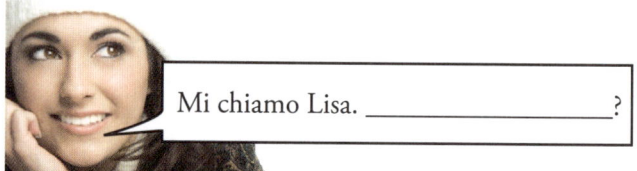

Mi chiamo Lisa. _____?

Mi chiamo Marco. _____.

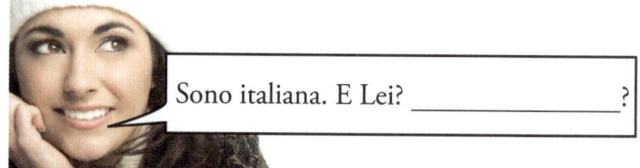

Sono italiana. E Lei? _____?

Sono _____.

DICA CULTURAL

Na Itália, amigos e familiares geralmente se cumprimentam com dois beijos, um em cada bochecha.

LIÇÃO 2
Frases úteis

DICA

Assim como em português, em italiano os adjetivos variam em gênero masculino e feminino, e devem concordar com o substantivo a que se referem. Por exemplo, *italiano* (masculino) e *italiana* (feminino).

Sono italiana.
Sono italiano.

Frases essenciais

Ciao!	Oi!
Ciao! or Arrivederci!	Tchau! ou Até logo!
Buon giorno.	Bom dia.
Buona sera.	Boa noite.
Buona notte.	Boa noite. (ao se despedir)
Come si chiama?	Qual é o seu nome?
Di dov'è?	De onde você é?

Frases extras

Come sta?	Como vai?
Piacere ou Piacere di conoscerla.	Prazer ou Prazer em conhecê-lo(a).
Anch'io.	Eu também. (Neste caso, algo como "O prazer é meu")

DICA
Na Itália, quando você se dirigir a alguém pela primeira vez ou quando se dirigir a uma pessoa mais velha, use o pronome pessoal *Lei*. Depois de se conhecerem, pode ser usado o informal *tu*. O *tu* é usado entre os jovens, com crianças e familiares.

Atividade A
O que você diz quando quer...

1. cumprimentar alguém?
   _____

2. perguntar o nome de alguém?
   _____

3. perguntar a uma pessoa de onde ela é?
   _____

4. despedir-se de alguém?
   _____

Atividade B
Escreva o cumprimento adequado para cada imagem: *Buon giorno*, *Buona sera* ou *Buona notte*.

1 _____

2 _____

3 _____

LIÇÃO 3
Palavras úteis

DICAS

Para se lembrar do nome dos países em italiano:
- em seu dia a dia, ao se deparar com o nome de algum país, leia-o em italiano.
- crie cartões didáticos e leia-os em voz alta.

Palavras essenciais

Canada		Canadá
Irlanda		Irlanda
Italia		Itália
Regno Unito		Reino Unido
Stati Uniti		Estados Unidos
Svizzera		Suíça

America del Nord
América do Norte

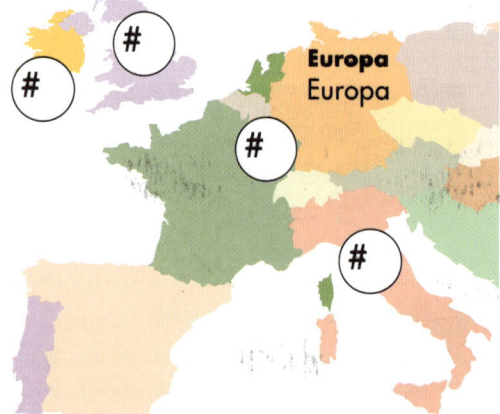

Europa
Europa

Atividade A
Escreva o número de cada país no mapa.

1. Svizzera
2. Regno Unito
3. Irlanda
4. Stati Uniti
5. Italia
6. Canada

Atividade B
Relacione o nome do país à sua bandeira.

1. Italia
2. Brasile
3. Svizzera
4. Regno Unito

12 Unidade 1 Cumprimentos e apresentações

LIÇÃO 4 — Gramática

Pronomes pessoais

io	eu
tu	tu, você (inf.)
Lei	tu, você (form.)
lui/lei	ele(a)
noi	nós
voi	vós, vocês
loro	eles(as)

Abreviações

masculino	m	singular	sing.	informal	inf.
feminino	f	plural	pl.	formal	form.

Atividade A

Escreva o pronome pessoal singular para cada imagem.

1 _____ Eu

2 _____ Ela

3 _____ Ele

4 _____ Você (inf.)

Atividade B

Escreva o pronome pessoal plural para cada imagem.

1 _____ Vocês

2 _____ Eles

3 _____ Nós

Atividade C

Que pronome pessoal você usa para falar de...

1 si mesmo? _____
2 uma mulher? _____
3 um homem? _____
4 si com sua família? _____
5 um grupo de pessoas? _____

DICA

Lembre-se de que, quando escrever *Lei* referindo-se ao pronome formal de segunda pessoa, use inicial maiúscula para não confundir com o pronome *lei* (ela).

Cumprimentos e apresentações — Unidade 1

LIÇÃO 5

Di dov'è?

Lingua e nazionalità

L'italiano è la lingua ufficiale di quattro paesi in Europa: Italia, Città del Vaticano, San Marino e la parte meridionale della Svizzera. È anche la seconda lingua ufficiale in alcune parti della Croazia e della Slovenia. Ogni paese in cui si parla l'italiano ha la propria nazionalità. Così come qualcuno del Canada è canadese, non inglese, qualcuno della Svizzera è svizzero, non italiano. Questa tabella mostra alcuni esempi di paesi, di nazionalità e delle loro lingue.

Paese	Nazionalità	Lingua
Croazia	croata	croato italiano
Svizzera	svizzera	italiano francese tedesco
Italia	italiana	italiano
Slovenia	slovena	sloveno italiano

De onde você é?

Leia o artigo sobre os países falantes de italiano e as respectivas nacionalidades. Não se preocupe se não conseguir entender todas as palavras: o importante é compreender a essência do texto. Sublinhe as palavras que você já conhece e as que são parecidas com o português. Depois, leia o texto traduzido.

Atividade A

Complete o quadro abaixo com exemplos do artigo. A primeira linha já está feita para você.

país	paese
idioma	
nacionalidade	
italiano	
inglês	

Atividade B

Cubra o texto traduzido para o português. Leia o artigo em italiano novamente e circule a resposta correta.

1. O italiano é a língua oficial em 4...
   - a paesi
   - b lingue
2. No sul da Suíça, as pessoas falam...
   - a svizzero
   - b italiano
3. Uma pessoa do Canadá é...
   - a inglese
   - b canadese
4. Uma pessoa da Croácia é...
   - a italiana
   - b croata

Língua e nacionalidade

O italiano é a língua oficial de quatro países na Europa: Itália, Vaticano, San Marino e a região sul da Suíça. É também a segunda língua oficial em algumas regiões da Croácia e Eslovênia. Cada país onde se fala o italiano tem a própria nacionalidade. Assim como alguém do Canadá é canadense, e não inglês, uma pessoa da Suíça é suíça, e não italiana. A tabela acima mostra alguns exemplos de países, sua nacionalidade e idioma.

DICA

Assim como em português, palavras referentes a nacionalidades e idiomas não são escritas com iniciais maiúsculas. Assim, *sono italiana, parlo italiano*.

Unidade 1 — Cumprimentos e apresentações

LIÇÃO 6
Palavras úteis

Palavras essenciais

americano/americana	americano/americana
australiano/australiana	australiano/australiana
canadese	canadense
inglese	inglês/inglesa
italiano/italiana	italiano/italiana
svizzero/svizzera	suíço/suíça

Palavras extras

irlandese	irlandês/irlandesa
francese	francês/francesa
portoghese	português/portuguesa
tedesco/tedesca	alemão/alemã

Atividade A
Aponte a nacionalidade correta de cada pessoa.

 1 (Suíça) Teresa è _____.
 svizzera/italiana

 2 (Estados Unidos) Sarah è _____.
 americana/brasiliana

 3 (Inglaterra) Tim è _____.
 inglese/canadese

 4 (Austrália) Matthew è _____.
 australiano/brasiliano

Atividade B
Use o vocabulário do quadro para identificar a nacionalidade de cada prato.

> canadese   inglese   americana
> italiana   svizzera

 1 _____

 2 _____

 3 _____

 4 _____

 5 _____

DICA
Adjetivos que terminam em –ese referem-se tanto ao masculino quanto ao feminino: canadese, inglese (inglês/inglesa), portoghese (português/portuguesa), francese (francês/francesa), cinese (chinês/chinesa), giapponese (japonês/japonesa), olandese (holandês/holandesa) etc.

Cumprimentos e apresentações — Unidade 1

LIÇÃO 7
Frases úteis

DICA CULTURAL

Em italiano, o uso do diminutivo é bastante parecido com o português. Por exemplo, se alguém fala um pouco de italiano, ele deve dizer *un pochino* em vez de un *po'*.

Frases essenciais

È inglese?	Você é inglês?
Sono canadese.	Sou canadense.
Parla italiano?	Você fala italiano?
Un po'.	Um pouco.
Parlo bene/male.	Falo bem/mal.

Atividade A
O que você diz quando quer…

1 perguntar a alguém se ele(a) é italiano(a)?
_____

2 dizer que fala bem uma língua?
_____

3 dizer que fala um pouco de uma língua?
_____

Sua vez

Imagine que você acabou de conhecer uma pessoa em uma viagem pela Itália. Use as frases e as palavras que você aprendeu para criar um diálogo. Pergunte de onde ela(e) é e qual língua ela(e) fala. Escreva as perguntas na coluna "Você" e as respostas na coluna "Ele(a)".

Você	Ele(a)
P1	R1
P2	R2

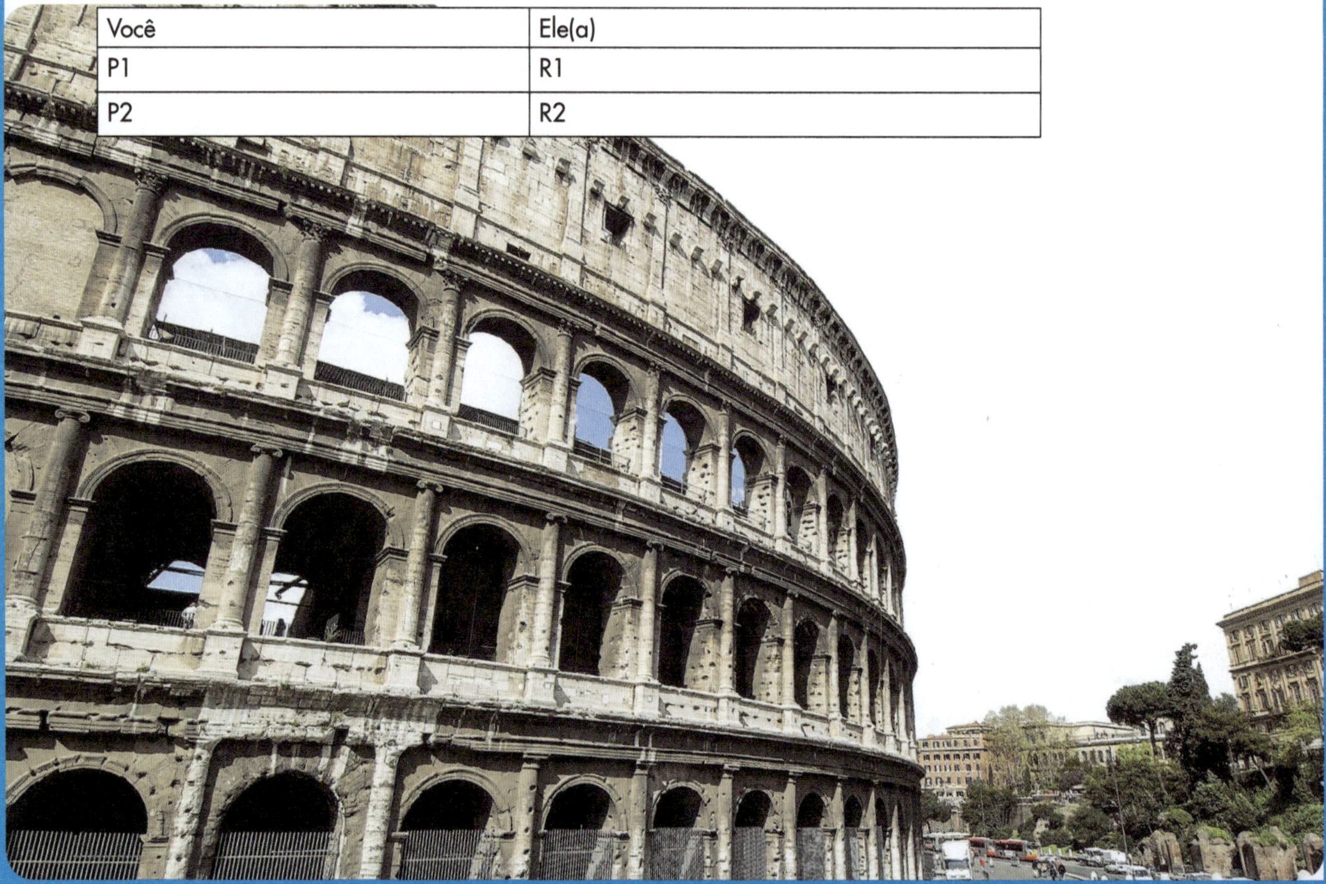

Unidade 1 — Cumprimentos e apresentações

LIÇÃO 8 — Gramática

O verbo *essere*

Entre muitos outros usos, o verbo *essere* serve para:

- apresentar-se ou apresentar outra pessoa
- dizer de onde a pessoa é e qual a sua nacionalidade

Singular

io	sono	eu sou
tu	sei	tu és/você é (inf.)
Lei	è	tu és/você é (form.)
lui/lei	è	ele/ela é

Exemplos

Io sono Maria.   Eu sou Maria.
Lui è Marco.   Ele é Marco.

Atividade A
Complete as frases com a forma correta do verbo *essere*.

1 Io _____ brasiliano.
2 Lui _____ svizzero.
3 Tu _____ americano.
4 Lei _____ canadese.

DICA

No italiano, assim como no português, os adjetivos concordam em gênero e número com os substantivos a que se referem. A formação do plural, contudo, é diferente: muda-se a terminação das palavras. Por exemplo:

Massimo è italiano.
Massimo e Maurizio sono italiani.
Laura è brasiliana.
Laura e Ana sono brasiliane.

Plural

noi	siamo	nós somos
voi	siete	vós sois/vocês são
loro	sono	eles(as) são

Exemplos

Noi siamo svizzeri.   Nós somos suíços.

Atividade B
Complete as frases com a forma correta do verbo *essere*.

1 Voi _____ americani.
2 Noi _____ svizzeri.
3 Loro _____ brasiliani.

Sua vez

Maria, Giuseppe e Paola acabaram de se conhecer. Complete a conversa entre eles com as formas corretas do verbo *essere*.

Giuseppe (para Maria) Di dov' _____?

Maria (para Giuseppe e Paola) _____ svizzera. E voi, _____ italiani?

Giuseppe _____ italiano e Paola _____ croata.

Cumprimentos e apresentações — Unidade 1

Unidade 1 — Revisão

Atividade A
Complete o quadro abaixo.

Nome	Paese	Nazionalità
Laura		italiana
Massimo	Svizzera	
Cassandra		canadese
Brian	Stati Uniti	
Ana		brasiliana

Atividade B
Use o verbo *essere* para escrever uma frase explicando de onde é cada pessoa.

Exemplo Paulina, Regno Unito:
Paulina è inglese.

1 tu, Stati Uniti: _____
2 Lisa, Italia: _____
3 Lei, Canada: _____
4 Adriano, Italia: _____

Atividade C
Kiko está visitando a Itália. Complete a conversa entre ele e o *guida turistica* (guia turístico).

Guida _____! Benvenuto in Italia!
Kiko Buon giorno. _____ Kiko Buxó. _____ Lei?
Guida _____ Enrico. Piacere.
Kiko Piacere. _____ italiano?
Guida Sì. _____?
Kiko _____ inglese. _____?
Guida Un po'.
Kiko Parlo _____ e _____.
Guida Bene!
Kiko _____, Enrico.
Guida Arrivederci!

Atividade D
Encontre os nomes de países e nacionalidades do boxe no caça-palavras abaixo. Eles podem estar escritos na horizontal, na vertical ou na diagonal.

> Italia   Canada   Svizzera   italiano
> Regno Unito   Irlanda   canadese

L	O	S	V	I	Z	Z	E	R	A	U	N	I	D	A	S
A	Y	P	I	T	S	U	R	N	C	I	A	S	P	D	B
D	C	A	N	A	D	E	S	E	D	A	Z	H	A	N	O
A	L	O	O	L	P	S	E	U	D	I	T	A	P	A	C
N	V	N	I	I	L	T	U	R	E	P	C	Z	O	L	I
A	U	C	C	A	N	A	D	A	N	S	E	Y	L	R	X
R	E	G	N	O	U	N	I	T	O	N	W	R	O	I	C
E	L	R	E	I	N	O	N	A	I	L	A	T	I	D	M

Desafio
Você consegue encontrar a palavra Croácia em italiano no caça-palavras? Escreva-a a seguir.

Croácia _____

Atividade E
Corrija o erro em cada frase. Depois, escreva a frase corrigida.

1 Arrivederci. Mi chiamo Laura. _____
2 Noi sono canadesi. _____
3 Io sei italiano. _____
4 Manuel è americana. _____
5 Parlo canadese. _____
6 Anna è italiano. _____

Atividade na internet
Você gostaria de conhecer mais nomes de origem italiana? Acesse www.berlitzbooks.com/5minute para encontrar uma lista de sites que trazem nomes italianos. Selecione três ou quatro deles, cada um começando com uma letra diferente. Pratique a pronúncia repetindo-os e completando a frase *Mi chiamo...*

Unidade 2 **Substantivos e números**

Nesta unidade você aprenderá:
- a identificar pessoas, animais, coisas e os números de 1 a 30.
- as diferenças entre o masculino e o feminino, o singular e o plural dos substantivos.
- a usar os artigos definidos e os verbos regulares terminados em –*are* e –*ere*.
- a preencher um formulário com suas informações pessoais.
- a pedir números de telefone e endereços.

LIÇÃO 1 — La cartolina

Um cartão-postal da Itália

Observe a frente e o verso do cartão-postal abaixo (*la cartolina*). Leia o texto, depois circule as palavras que indicam pessoas, coisas ou animais.

Cara Rosa,

Estou me divertindo muito na Itália e finalmente estou aprendendo um pouco de italiano. Veja este cartão-postal! Guarda la cartolina! Guarda gli animali. Há gatti e cani. Guarda le persone! Há bambini, bambine, uomini e donne. Esse lugar é muito legal. Eu gosto muito das case e dos edifici. Guarda le macchine e gli autobus. Eles são tão coloridos! Essa cartolina mostra le persone, gli animali e le cose que estou conhecendo.

Estou com saudade. Mi manchi.
P.S.: Como está meu italiano?

Roberto

Rosa Martinelli
CEP 12345
São Paulo-SP
Brasil

Atividade B

Escreva as palavras em italiano que se referem...

1. às pessoas no cartão-postal

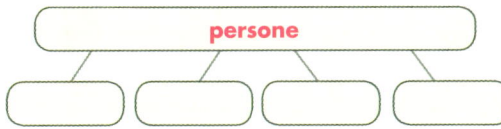

2. às coisas no cartão-postal

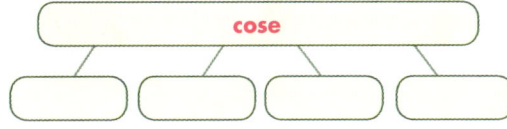

3. aos animais no cartão-postal

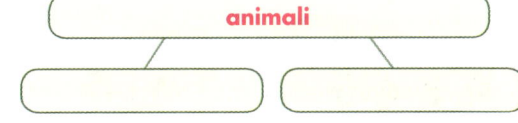

Atividade extra

Se você conhece outras palavras em italiano para pessoas, animais e coisas, acrescente-as acima.

Atividade A

Circule **V** para verdadeiro e **F** para falso.

1. Roberto está visitando a Suíça. **V / F**
2. O cartão-postal de Roberto descreve montanhas e rios. **V / F**
3. Roberto gosta das casas e dos prédios que vê. **V / F**
4. O cartão-postal descreve carros e ônibus coloridos. **V / F**

DICA

Note que as palavras usadas para pessoas, animais e coisas no cartão-postal terminam em –*i* ou –*e*. Isso acontece porque elas estão no plural. Essas palavras no singular são: *gatto, cane, bambino, bambina, uomo* (o plural *uomini* é irregular), *donna, casa, edificio, macchina. Autobus* não muda por ser uma palavra latina.

LIÇÃO 2
Palavras úteis

DICA

Assim como em português, em italiano a maioria dos substantivos terminados em –a é feminina, como *bambina* (menina). A maioria dos substantivos terminados em –o é masculina, como *toro* (touro). Substantivos terminados em –e podem ser tanto masculinos, como *padre* (pai), quanto femininos, como *madre* (mãe). Aqueles terminados em consoante, como *bar* (bar), geralmente são masculinos e têm a mesma forma no singular e no plural.

Palavras essenciais

la bambina — il bambino — l'uomo — la donna
menina — menino — homem — mulher

l'uccello — il gatto — il cane
pássaro — gato — cachorro

l'autobus — la macchina
ônibus — carro

la strada — la casa — l'edificio
rua — casa — prédio

DICA CULTURAL

Há duas palavras para se referir a "carro": *la macchina* e *l'auto*. Apesar de terminar em –o, *auto* é uma palavra feminina, sendo a abreviação de *automobile*.

Atividade A
Escreva a palavra em italiano para cada item nas imagens.

1

2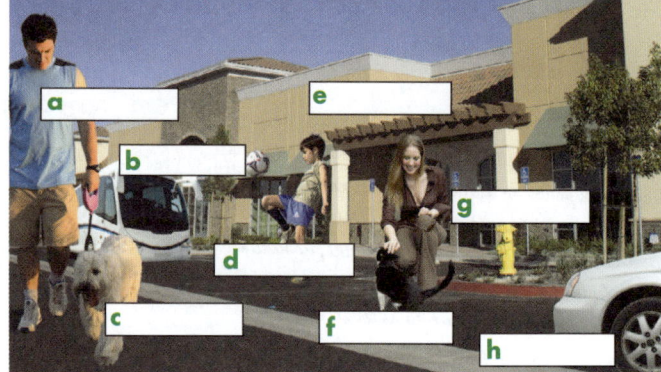

Atividade B
Escreva *femminile* (feminino) ou *maschile* (masculino) para classificar cada substantivo.

1 cane   _____
2 bambino   _____
3 macchina _____
4 strada   _____
5 edificio _____
6 casa   _____
7 gatto   _____
8 autobus   _____

LIÇÃO 3
Frases úteis

DICAS
- *Guarda questo suggerimento!* (Veja esta dica!) Após o verbo *guardare* (ver/observar), não há necessidade do uso da preposição *a*. Veja estes exemplos: *Guarda i bambini!* (Veja as crianças!), *Guarda Laura!* (Veja Laura!).
- Se você quiser ser mais formal, fale *Guardi...!* em vez de *Guarda...!*

Frases essenciais

Guarda le persone! Veja as pessoas!
Guarda gli animali! Veja os animais!
Caro/Cara _____. Caro/Cara _____.
Mi manchi. Estou com/Sinto saudade.

Atividade A

Laura está passeando com Ernesto. Enquanto eles caminham, ela lhe mostra pessoas e animais. Escreva uma frase em cada balão de diálogo para indicar o que Laura mostra a Ernesto.

1 _____

2 _____

Atividade B

Preencha os espaços para ajudar Laura a escrever um cartão-postal para sua amiga.

_____ Elena,

Eu estou me divertindo muito aqui e finalmente estou aprendendo um pouco de _____. _____ le persone!

Há _____, _____ e _____.

Guarda le _____! Guarda l' _____! _____ gli animali! Há _____, _____ e _____.

Mi _____.

Laura

Substantivos e números — Unidade 2

LIÇÃO 4
Gramática

O singular e o plural dos substantivos

Para formar o plural de um substantivo, basta mudar a vogal final. Nos casos de substantivos de origem estrangeira que terminam em consoante, como *computer*, ou palavras com vogal acentuada, como *città* (cidade), a terminação não muda.

- *-a* muda para *-e*: *casa/case* (casa/casas).
- *-o* muda para *-i*: *ragazzo/ragazzi* (rapaz/rapazes).
- *-e* muda para *-i*: *notte/notti* (noite/noites).

Atividade A
Escreva a forma plural das palavras a seguir.

1  bambino  _____

2  borsa  _____

3  matita  _____

4  toro  _____

Artigos definidos
Em italiano, assim como em português, o artigo definido varia em gênero e número.

- il — m., sing., usado antes de substantivos iniciados por consoante.
- l' — m. e f., sing., usado antes de substantivos iniciados por vogal.
- lo — m., sing., usado com substantivos iniciados por *s* + consoante, *z*, *ps*.
- la — f., sing.
- i — m., pl., usado antes de substantivos iniciados por consoante.
- gli — m., pl., usado antes de substantivos que começam com vogal, *s* + consoante, *z*, *ps*
- le — f., pl.

Atividade B
Complete os itens com o artigo definido correto para cada palavra.

1 _____ bambino
2 _____ strada
3 _____ cani
4 _____ donne
5 _____ matita
6 _____ autobus

Atividade C
Observe as imagens e escreva os substantivos e os artigos definidos correspondentes a cada uma delas.

1 _____

2 _____

3 _____

4 _____

Sua vez
Tente adivinhar os artigos corretos para cada substantivo.

1 _____ penne (canetas)
2 _____ zii (tios)
3 _____ esame (exame)
4 _____ zoo (zoo)
5 _____ libro (livro)

LIÇÃO 5 — L'identità

Identificação de estudante
Jennifer está no avião a caminho de Florença, Itália. Compare o passaporte dela com o cartão de desembarque.

Atividade A
Ligue as palavras com as respectivas traduções.

1	indirizzo	a	data de nascimento
2	via	b	sobrenome
3	cognome	c	endereço
4	data di nascita	d	rua

DICA CULTURAL

Na Itália, as datas também são registradas na ordem dia/mês/ano. No caso de endereços, o número do prédio ou casa vem logo após o nome da rua, sem vírgulas ou qualquer outra anotação. Exemplo: *Viale Bianchi 987* (Avenida Bianchi, nº 987).

Atividade B
Jennifer estudará italiano em uma escola em Florença. Use os dados acima para informar o endereço no formulário.

MODULO D'ISCRIZIONE

Indirizzo in Italia:

Via: _____ Numero: _____

Città: _____ Stato: _____

Substantivos e números — Unidade 2 — 23

LIÇÃO 6

Palavras úteis

Palavras essenciais

I numeri (Os números)

zero	0	undici	11
uno	1	dodici	12
due	2	tredici	13
tre	3	quattordici	14
quattro	4	quindici	15
cinque	5	sedici	16
sei	6	diciassette	17
sette	7	diciotto	18
otto	8	diciannove	19
nove	9	venti	20
dieci	10	trenta	30

Dati personali (Informações pessoais)

il viale	avenida
la via	rua
l'indirizzo	endereço
il telefono	telefone

Atividade A

Identifique a sequência das palavras *diciassette*, *diciotto* e *ventuno*, *ventidue*, *ventitré*. Depois, complete as lacunas com os números em italiano.

sedici, diciassette, diciotto, _____, venti

ventuno, ventidue, ventitré, _____, _____, _____, _____, _____, _____, trenta

Atividade B

Leia os números de 1 a 30 em voz alta. Em seguida, relacione cada número abaixo à sua forma escrita.

1	dieci	4	dodici
6	uno	9	quindici
13	trenta	12	quattordici
18	sei	15	quattro
10	tredici	22	ventidue
30	diciotto	14	nove

Atividade C

Passe para o português as seguintes informações:

1 Via Verdi quattordici

   _____

2 Viale Leopardi, numero ventisette

   _____

3 Tel. zero-due, ventidue-quattordici-dieci

   _____

4 CAP nove-sette-zero-diciannove

   _____

DICA

Atenção para a placa. Perceba que algumas abreviações em italiano são semelhantes às do português. Não há como se perder!

numero	N.
codice di avviamento postale	CAP
telefono	Tel.

DICA CULTURAL

Na Itália, a maneira de informar os números de telefone pode variar. Geralmente, informa-se o código de área dígito por dígito (por exemplo, 0-2, 0-5-5); os números são expressos em pares (por exemplo, 22-19-10).

Unidade 2 — Substantivos e números

LIÇÃO 7
Frases úteis

Frases essenciais

Qual è il suo numero di telefono?	Qual é o número do seu telefone?
Qual è il suo indirizzo?	Qual é o seu endereço?
Qual è il suo indirizzo e-mail?	Qual é o seu e-mail?
Quand'è il suo compleanno?	Quando é o seu aniversário?
Vivo in/a ___.	Em moro em ___.
Il mio indirizzo è ___.	Meu endereço é ___.
Il mio indirizzo e-mail è ___.	Meu e-mail é ___.
Il mio compleanno è ___.	Meu aniversário é ___.
Il mio numero di telefono è ___.	Meu telefone é ___.
Dove vive?	Onde você mora?

Atividade A
Escreva o seu *nome*, sua *data di nascita*, seu *indirizzo* e seu *numero di telefono* em italiano.

Atividade B
O que Stefania está perguntando a Paolo? Circule a resposta correta.

1
 Dove vive?
 a ao lugar onde ele vive
 b o lugar onde ele trabalha

2
 Qual è il suo indirizzo?
 a o endereço dele
 b o número do telefone dele

3
 Qual è il suo numero di telefono?
 a o número do telefone dele
 b a data de nascimento dele

4
 Quand'è il suo compleanno?
 a o local de nascimento dele
 b a data do aniversário dele

Substantivos e números — Unidade 2 — 25

LIÇÃO 8 — Gramática

Presente dos verbos regulares

Em italiano, as terminações dos verbos regulares no infinitivo são: *–are*, *–ere* ou *–ire*. Observe nesta página como se conjugam no presente os verbos terminados em *–are* e *–ere*. Você aprenderá os verbos terminados em *–ire* na próxima unidade.

Verbos com *–are*

Retire *–are* e acrescente a terminação apropriada para cada pronome. Veja o exemplo com o verbo *parlare* (falar).

io	parl**o**	eu falo
tu	parl**i**	tu falas/você fala
Lei	parl**a**	tu falas/você fala (form.)
lui/lei	parl**a**	ele/ela fala
noi	parl**iamo**	nós falamos
voi	parl**ate**	vós falais/vocês falam
loro	parl**ano**	eles/elas falam

Exemplos Io parlo.   Eu falo.
           Noi parliamo. Nós falamos.

Atividade A

Conjugue o verbo *parlare* no presente.

io _____
tu _____
lui/lei _____
noi _____
voi _____
loro _____

DICA
Assim como em português, quando você enumera uma série de coisas, use a conjunção *e*: *Parlo italiano, inglese e spagnolo* (Eu falo italiano, inglês e espanhol).

Verbos com *–ere*

Retire *–ere* e acrescente a terminação apropriada para cada pronome. Veja o exemplo com o verbo *vivere* (morar).

io	viv**o**	eu moro
tu	viv**i**	tu moras/você mora
Lei	viv**e**	tu moras/você mora (form.)
lui/lei	viv**e**	ele/ela mora
noi	viv**iamo**	nós moramos
voi	viv**ete**	vós morais/vocês moram
loro	viv**ono**	eles/elas moram

Exemplos Tu vivi.   Você vive.
           Voi vivete. Vocês vivem.

Atividade B

Conjugue o verbo *vivere* no presente.

io _____
tu _____
lui/lei _____
noi _____
voi _____
loro _____

Atividade C

Observe as fotos. Escreva em italiano onde cada pessoa mora. Certifique-se de usar a conjugação apropriada de *vivere*.

João, rua Ipiranga, número 10
_____

Júlia e Marcos, rua Taubaté, número 24
_____

Eu e Laura, rua Jardim, número 16
_____

Sua vez

Pense no verbo *insegnare* (ensinar). Como você diria em italiano que você ensina português e italiano? Como diria que Laura ensina português?

Unidade 2 Revisão

Atividade A

Quantos de cada você consegue contar? Use a forma plural dos substantivos quando necessário.

1 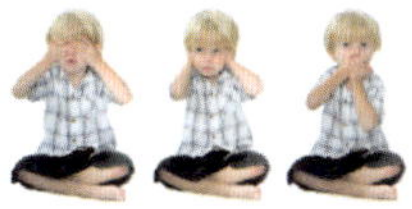 ____________________

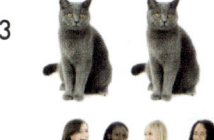

2 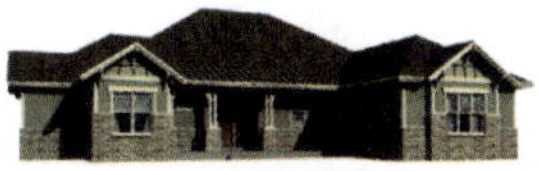 ____________________

3 ____________________

4 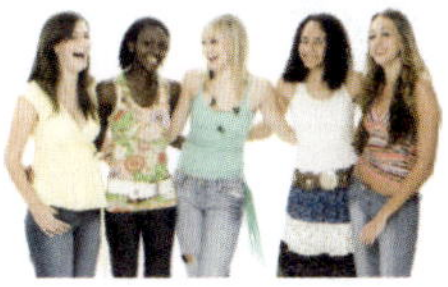 ____________________

Atividade B

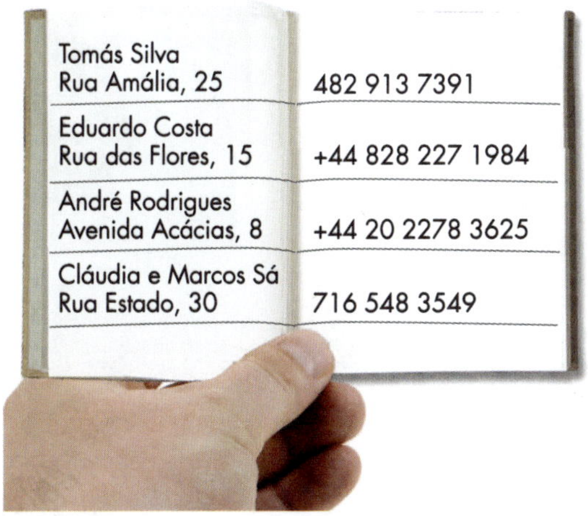

Tomás Silva Rua Amália, 25	482 913 7391
Eduardo Costa Rua das Flores, 15	+44 828 227 1984
André Rodrigues Avenida Acácias, 8	+44 20 2278 3625
Cláudia e Marcos Sá Rua Estado, 30	716 548 3549

Use o caderno de endereços para responder às seguintes questões. Lembre-se de que, em italiano, a ordem de algumas palavras pode mudar.

1 Dove vive André?

2 Qual è il numero di telefono di Tomás? (dê os números por extenso)

3 Dove vivono Cláudia e Marcos?

4 Qual è il numero di telefono di Eduardo?

5 Dove vive Tomás?

Atividade C

Dê os artigos corretos para cada substantivo. Fique atento na concordância de gênero e número! Depois, elabore uma frase com *Guarda!* para mostrar cada um dos itens.

1 ____ uccelli

2 ____ donne

3 ____ autobus

4 ____ zio

Desafio

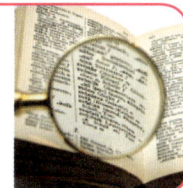

Procure em um dicionário os verbos *camminare* e *leggere*. Escreva duas frases para cada um deles usando os pronomes *lui* e *loro*.

Atividade D

Você acabou de chegar ao escritório do Instituto de Línguas Dante Alighieri para estudar italiano. Laura, a recepcionista, precisa de algumas informações básicas. Ela não entende português, então você deve responder às perguntas em italiano. Complete o diálogo.

Laura Buon giorno. Come si chiama?

Lei ______________________________

Laura Bene. Qual è il suo numero di telefono?

Lei ______________________________

Laura Qual è il suo indirizzo?

Lei ______________________________

Laura E il codice di avviamento postale?

Lei ______________________________

Laura Infine, qual è la sua data di nascita?

Lei ______________________________

Laura Benissimo! Benvenuto all'Istituto di Lingue Dante Alighieri.

Lei ______________________________

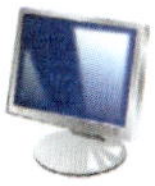

Atividade na internet

Procure no site **www.berlitzbooks.com/5minute** uma relação de mapas geográficos de satélites em italiano. Ao selecionar um deles, procure o Istituto Dante Alighieri, em Firenze. Aproxime o mapa ao encontrá-lo e use o link indicado para anotar todas as informações úteis (endereço, código de endereçamento postal, número de telefone etc.). Pratique a pronúncia dizendo todas as informações em voz alta.

Unidade 3 — Hora e data

Nesta unidade você aprenderá:
- a dizer *l'ora* (a hora) e *la data* (a data).
- os números a partir de 31.
- a conjugar os verbos regulares terminados em *–ire*.
- o verbo irregular *fare* (fazer).

LIÇÃO 1 — Che ore sono?

Diálogo

Diana e Massimo estão assistindo a um jogo de futebol. Ouça-os conversando sobre a hora, sobre quanto tempo falta para o fim da partida, quanto tempo dura o jogo e qual é o placar.

Diana Che ore sono?

Massimo Sono le diciotto e trentacinque.

Diana È presto! Quanto tempo manca alla fine della partita?

Massimo Mancano cinquantacinque minuti. La partita dura novanta minuti.

Diana Qual è il punteggio?

Massimo Roma 1, Lazio 0

Atividade A

Dê as respostas corretas em italiano.

1. Que horas são?
   _____

2. Quanto tempo falta de jogo?
   _____

3. Quanto tempo dura o jogo?
   _____

4. Qual time está ganhando?
   _____

Atividade B

Corrija a ordem do diálogo. Numere as frases de 1 a 4.

Sono le diciotto e trentacinque. #

È presto! Quanto tempo manca alla fine della partita? #

Mancano cinquantacinque minuti. #

Che ore sono? #

DICA CULTURAL

Na Itália, o sistema de 24 horas também é usado para indicar as horas. Ele aparece principalmente em tabelas de horários de trens, ônibus e aviões, e na programação da TV, do rádio e do cinema. Quando usar o sistema de 12 horas, inclua *di sera* depois da hora indicada. Por exemplo, 6h35 da tarde ficaria *diciotto e trentacinque di sera*.

LIÇÃO 2
Frases úteis

Frases essenciais

Che ore sono? ou Che ora è?	Que horas são?
Sono le due di notte.	São duas da manhã.
È l'una di notte.	É uma da manhã.
È mezzogiorno.	É meio-dia.
È mezzanotte.	É meia-noite.
Sono le dieci di sera.	São dez da noite.
Sono le sette e mezzo.	São sete e meia.
Sono le sei e un quarto.	São seis e quinze.
Sono le sette meno un quarto.	São seis e quarenta e cinco.
È tardi!	É tarde!
È presto!	É cedo!

Atividade A
Observe os relógios abaixo e escreva as horas de cada um deles.

Exemplo (19:15)
Sono le diciannove e quindici.

1. (3:45) _____
2. (1:15) _____
3. (8:30) _____
4. (12:00) _____

Atividade B

Você deverá encontrar um amigo às *otto in punto di sera* (às oito da noite em ponto). Veja as horas e diga se está cedo ou tarde. Escreva *È presto!* ou *È tardi!*

1. Sono le sette meno un quarto. _____
2. Sono le otto e un quarto. _____
3. Sono le sette e mezzo. _____
4. Sono le nove. _____

Atividade C
O que você diz quando quer...

1. perguntar as horas?
   _____
2. dizer que é cedo?
   _____
3. dizer que é tarde?
   _____
4. dizer que são duas da manhã?
   _____

DICAS

- No sistema de 24 horas, para indicar os 15, 30 ou 45 minutos acrescidos à hora, você precisa usar *e quindici, e trenta e e quarantacinque*. Por exemplo: 18h15 → *Sono le diciotto e quindici*; 16h30 → *Sono le sedici e trenta*; 19h45 → *Sono le diciannove e quarantacinque*.

- No sistema de 12 horas, use *un quarto, e mezzo e meno un quarto* ou *e tre quarti*. Por exemplo: 6h15 → *Sono le sei e un quarto*; 4h30 → *Sono le quattro e mezzo*; 7h45: *Sono le otto meno un quarto* ou *Sono le sette e tre quarti*.

LIÇÃO 3
Palavras úteis

Palavras essenciais

Il tempo (Hora)

l'ora	hora
il minuto	minuto
il secondo	segundo
in punto	em ponto

I numeri (Números)

trentuno	trinta e um
trentadue	trinta e dois
trentatré	trinta e três
trentaquattro	trinta e quatro
trentacinque	trinta e cinco
trentasei	trinta e seis
trentasette	trinta e sete
trentotto	trinta e oito
trentanove	trinta e nove
quaranta	quarenta
cinquanta	cinquenta
sessanta	sessenta

Palavras extras

mezzo	meio
un quarto	um quarto, quinze

DICA

Os números entre as dezenas (30, 40, 50 etc.) seguem um padrão, por exemplo, *trenta* (30) + *due* (2) = *trentadue* (32). Você notou as exceções? A vogal final das dezenas cai antes de *–uno* e *–otto*, e acrescenta-se um acento ao *–tre*, então, por exemplo, os números 31, 33 e 38 ficam: *trentuno, trentatré, trentotto*. Você saberia dizer como são os números 41, 43 e 48 em italiano?

Atividade A

Escreva por extenso os números a seguir.

1. 44 _____
2. 32 _____
3. 67 _____
4. 58 _____

Atividade B

Quanto tempo manca? O show começa às *venti in punto*. Escreva por extenso quanto tempo falta para o início do show, usando *manca* para o singular e *mancano* para o plural. Lembre-se de usar o plural de *ora* e *minuto* quando for necessário.

Exemplo

Manca un'ora. **ou**
Mancano sessanta minuti.

Quanto manca?

1. 19:45 _____

2. 18:45 _____

3. 18:15 _____

4. 19:59 _____

Sua vez

São 16h12 e você está assistindo a uma partida de futebol. O primeiro tempo começou às 16h e dura 45 minutos. Você consulta as horas a cada dez minutos.

Diga a hora e quantos minutos faltam para acabar o primeiro tempo a cada vez que você olha o relógio. Comece às 16h12.

LIÇÃO 4 — Gramática

DICA

Há outros verbos em *–ire*, como *capire* (entender), aos quais deve-se acrescentar *–isc* antes das terminações regulares nos pronomes *io, tu, Lei, lui/lei, loro*:

io	cap**isco**	eu entendo
tu	cap**isci**	tu entendes/você entende
Lei	cap**isce**	tu entendes/você entende (form.)
lui/lei	cap**isce**	ele/ela entende
noi	cap**iamo**	nós entendemos
voi	cap**ite**	vós entendeis/vocês entendem
loro	cap**iscono**	eles/elas entendem

Presente dos verbos regulares

Verbos com *–ire*

Para conjugar os verbos regulares terminados em *–ire*, como *dormire* (dormir), retire o *–ire* e acrescente as seguintes terminações:

io	dorm**o**	eu durmo
tu	dorm**i**	tu dormes/você dorme
Lei	dorm**e**	tu dormes/você dorme
lui/lei	dorm**e**	ele/ela dorme
noi	dorm**iamo**	nós dormimos
voi	dorm**ite**	vós dormis/vocês dormem
loro	dorm**ono**	eles/elas dormem

Exemplos Lui dorme.   Ele dorme.
                Loro dormono. Eles/Elas dormem.

Atividade A

Complete o exercício abaixo com a conjugação do verbo *partire* (partir) no presente.

io _____

tu _____

Lei _____

lui/lei _____

noi _____

voi _____

loro _____

Atividade B

Dê a forma correta de cada verbo terminado em *–ire*; 1 e 2 são conjugados como *dormire*, 3 e 4 são conjugados como *capire*.

1 offrire      Io _____

2 aprire      Lei _____

3 pulire      Lui _____

4 costruire      Io _____

LIÇÃO 5
Cose da fare

fare la lavatrice

fare i compiti

fare la spesa

fare una telefonata

fare ginnastica

Coisas a fazer

Julia está pensando sobre o que ela tem de fazer hoje. Observe as imagens e suas legendas.

Atividade A

Escolha a resposta correta para cada questão.

1. Qual é a primeira coisa que Julia precisa fazer?
   a lavar roupa   b fazer a lição de casa
2. Qual expressão não requer o artigo?
   a fare ginnastica   b fare la spesa
3. Que expressão significa "fazer lição de casa"?
   a fare una telefonata   b fare i compiti
4. O que você acha que significa *lavatrice*?
   a máquina de lavar roupa   b roupas
5. O que Julia vai fazer depois de telefonar?
   a i compiti   b ginnastica

Cose da fare
fare la lavatrice
fare la spesa
fare i compiti
fare una telefonata
fare ginnastica

DICA

A expressão *fare la spesa* (singular, com o artigo) significa ir ao mercado. No plural, *fare spese* (ou *fare shopping*) significa ir às compras (ir ao shopping, a lojas de vestuário ou calçados etc.).

Atividade B

Escreva a tarefa doméstica que cada figura representa.

1 _____

3 _____

2 _____

4 _____

Unidade 3 — Hora e data

LIÇÃO 6 — Palavras úteis

Palavras essenciais

I giorni della settimana (Dias da semana)

lunedì	segunda-feira
martedì	terça-feira
mercoledì	quarta-feira
giovedì	quinta-feira
venerdì	sexta-feira
sabato	sábado
domenica	domingo

I mesi dell'anno (Meses do ano)

gennaio	janeiro
febbraio	fevereiro
marzo	março
aprile	abril
maggio	maio
giugno	junho
luglio	julho
agosto	agosto
settembre	setembro
ottobre	outubro
novembre	novembro
dicembre	dezembro

DICAS

- Assim como no Brasil, na Itália o dia vem antes do mês na indicação de datas. Assim, 10 de novembro = 10/11 ou *10 novembre*.
- Se quiser falar de uma atividade que você pratica regularmente – por exemplo, "toda segunda" –, coloque o artigo antes do dia da semana: *il lunedì* significa às segundas, e assim por diante.
- Para dizer os anos:
  1999 = *millenovecentonovantanove*;
  2000 = *duemila*; 2009 = *duemilanove*.
- Os dias da semana e os meses são grafados com a primeira letra minúscula.

Atividade A

Observe a agenda semanal de Luca e responda às questões abaixo.

AGENDA

lunedì	fare ginnastica
martedì	fare la spesa
mercoledì	fare i compiti
giovedì	fare ginnastica
venerdì	fare una chiamata negli Stati Uniti
sabato	fare i compiti
domenica	fare la lavatrice

1 Em que dia Luca vai fazer compras? _____
2 Em quais dias Luca vai se exercitar? _____ e _____
3 Em que dia Luca vai telefonar para os EUA? _____
4 Em quais dias Luca vai fazer a lição de casa? _____ e _____
5 Em que dia Luca vai lavar roupas? _____

Atividade B

Escreva cada uma das datas em italiano.

Exemplo   quinta, 24/2   _____giovedì, 24 febbraio_____

1 segunda-feira, 17/11 _____
2 sábado, 5/6 _____
3 quarta-feira, 21/9 _____
4 sexta-feira, 8/4 _____
5 terça-feira, 31/1 _____
6 domingo, 12/8 _____
7 quinta-feira, 25/3 _____
8 domingo, 14/10 _____
9 segunda-feira, 29/5 _____
10 terça-feira, 2/12 _____
11 sexta-feira, 15/7 _____
12 quarta-feira, 18/2 _____

LIÇÃO 7
Frases úteis

DICA DE PRONÚNCIA

O som *gl* em italiano é similar ao som de *lh* em português. Tente pronunciar estas palavras: *gli* (os), *figlio* (filho), *foglia* (folha).

O som de *gn* é similar ao som de *nh* em português. Tente pronunciar estas palavras: *gnocchi* (nhoques), *sogno* (sonho), *giugno* (junho).

Perceba a semelhança da grafia e do som dessas palavras com o português.

Frases essenciais

Che giorno è oggi?	Que dia é hoje?
(Oggi) è martedì.	(Hoje) é terça-feira.
Quanti ne abbiamo oggi?	Qual é a data de hoje?
(Oggi) è il ___.	(Hoje) é ___.
In che mese siamo?	Em que mês estamos?
Siamo in ___.	Estamos em ___ (mês).
In che anno siamo?	Em que ano estamos?
Siamo nel ___.	Estamos em ___ (ano).

DICA CULTURAL

Na Itália comemora-se o aniversário (*compleanno*) como no Brasil: o aniversariante organiza uma festa ou paga um jantar para os convidados, que lhe trazem presentes. Para desejar a alguém "Feliz aniversário!", você deve dizer *Tanti auguri!*

Atividade A
Circule a resposta correta.

1. Che giorno è oggi?
   - **a** gennaio
   - **b** Oggi è martedì.

2. In che mese siamo?
   - **a** lunedì
   - **b** dicembre

3. Quanti ne abbiamo oggi?
   - **a** Oggi è il 14 luglio 2009.
   - **b** Oggi è mercoledì.

4. In che anno siamo?
   - **a** 23 agosto
   - **b** 2009

Atividade B
Escreva as perguntas para completar o minidiálogo.

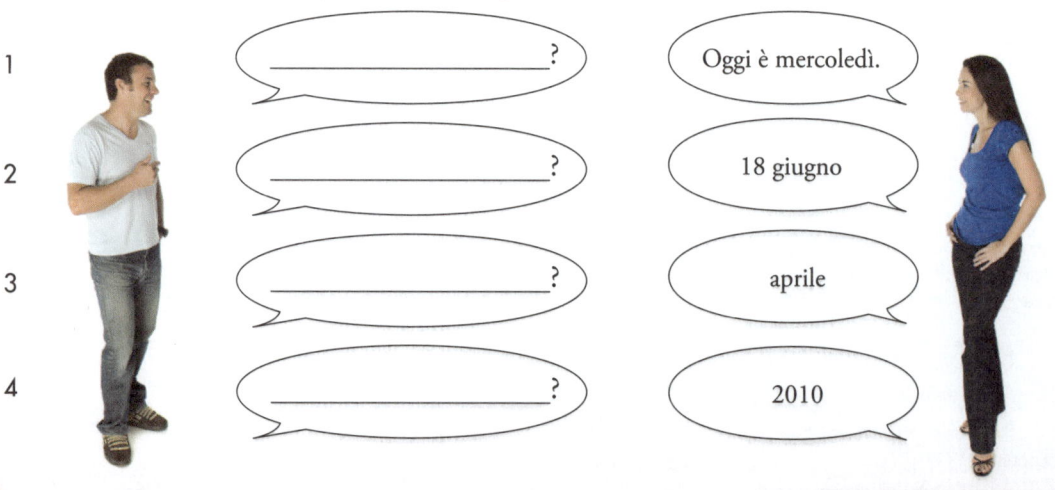

1. _____? — Oggi è mercoledì.
2. _____? — 18 giugno
3. _____? — aprile
4. _____? — 2010

LIÇÃO 8
Gramática

Atividade B

Che fanno queste persone? Ligue cada imagem com a frase correspondente para dizer o que cada pessoa está fazendo.

1 Lui fa il caffè. _____
2 Loro fanno conversazione. _____
3 Lei fa una torta. _____
4 Io faccio una foto. _____
5 Loro fanno colazione. _____

O verbo *fare* (fazer)

O verbo *fare* é irregular. Veja abaixo sua conjugação no presente.

io	faccio	eu faço
tu	fai	tu fazes/você faz
Lei	fa	tu fazes/você faz (form.)
lui/lei	fa	ele/ela faz
noi	facciamo	nós fazemos
voi	fate	vós fazeis/vocês fazem
loro	fanno	eles/elas fazem

Atividade A

Complete as frases com a forma correta do verbo *fare*.

1 Tu _____ i compiti lunedì.
2 Maria _____ una telefonata martedì.
3 Io e Luca _____ ginnastica mercoledì.
4 Voi _____ la spesa giovedì.

Sua vez

Elabore frases sobre o que você faz aos sábados e domingos. Certifique-se de conjugar corretamente o verbo *fare*.

_____
_____
_____
_____
_____
_____
_____
_____

DICA CULTURAL

A expressão *fare la lavatrice* significa literalmente "fazer a máquina de lavar roupa", por isso é usado sempre que a roupa for lavada na máquina. Você também pode dizer *fare il bucato* (lavar roupas na mão ou na máquina) ou *lavare la biancheria* (para peças mais delicadas, como roupas íntimas ou roupa de cama).

Unidade 3 — Revisão

Atividade A
Escolha as atividades do quadro para dizer o que Irene faz a cada hora do dia. Use os verbos na terceira pessoa do singular (*lei*).

> fare i compiti   fare ginnastica   fare la spesa
> fare colazione   fare la lavatrice

1    Irene fa colazione alle otto.

2    _____

3    _____

4    _____

5    _____

Atividade B
Observe os horários abaixo. Diga quanto tempo falta para o jogo terminar.

Exemplo 1:31:02 Manca un'ora, trentuno minuti e due secondi.

1 2:34:13 _____
2 0:0:27   _____
3 0:12:39 _____

Atividade C
Luca perdeu sua agenda e esqueceu o que precisa fazer em fevereiro. Observe o calendário e responda às perguntas.

febbraio						
lunedì	martedì	mercoledì	giovedì	venerdì	sabato	domenica
1	2	3 fare la spesa	4	5	6	7
8	9	10	11	12	13 fare ginnastica	14
15 fare i compiti	16	17	18	19	20	21 fare la lavatrice
22	23 lavare la macchina	24	25	26	27	28

Em que datas Luca planejou fazer essas atividades? Escreva a data em italiano na sequência: dia da semana/dia/mês.

Exemplo fazer compras
  mercoledì, tre febbraio

1 fazer ginástica
  _____

2 fazer a lição de casa
  _____

3 lavar o carro
  _____

4 lavar roupas
  _____

Atividade na internet

Imagine que você esteja em Milão (*Milano*) planejando uma viagem a Roma (*Roma*). Acesse **www.berlitzbooks.com/5minute** e encontre o site da companhia aérea italiana Alitalia. Use o seu conhecimento sobre datas e horas em italiano para encontrar voos diretos para Roma. Quais voos chegarão a Roma na sexta à noite? E no sábado de manhã?

Desafio
Escreva um parágrafo sobre um(a) amigo(a). Diga que línguas ele(a) fala e o que ele(a) costuma fazer durante a semana.

Unidade 4 — Família

Nesta unidade você aprenderá:
- a apresentar sua família e conversar sobre seus parentes.
- a usar pronomes possessivos e demonstrativos.
- a usar os artigos indefinidos.
- o verbo irregular *avere* (ter).

LIÇÃO 1 — Una foto di famiglia

Carla e i suoi genitori
Paolo
Maurizio e Monica
Patrizia

Diálogo

Carla e Alberto estão conversando sobre a família deles. Carla está mostrando a Alberto fotos de sua família e dizendo a ele quem é cada pessoa.

Alberto È numerosa la sua famiglia, Carla?

Carla Siamo in sette. Guardi le nostre foto.

Alberto Che bella famiglia! Questa è Lei e questi sono i suoi genitori, vero?

Carla Sì. Lei è mia madre e lui è mio padre. Guardi questa foto. Questa bambina è mia sorella, Patrizia.

Alberto E questi sono i suoi fratelli?

Carla Sì. Questo è mio fratello Maurizio. Lui è il maggiore. E questo è Paolo, il mio fratello minore.

Alberto Chi è questa signora?

Carla Lei è Monica, la moglie di Maurizio.

Atividade A

Circule **V** para verdadeiro e **F** para falso.

1. Há menos de cinco pessoas na família de Carla. **V / F**
2. Patrizia é irmã de Carla. **V / F**
3. Carla tem três irmãos. **V / F**
4. Monica é mãe de Carla. **V / F**

Atividade B

Leia as frases abaixo. Circule a imagem que representa cada frase.

1. Questo è mio padre. a   b
2. Questa è mia sorella. a   b
3. Questa è mia madre. a   b
4. Questi sono i miei fratelli. a   b
5. Questa è la moglie di Maurizio. a   b

DICAS

- Ao usar um pronome possessivo (que será visto na Lição 4) com membros da família, você não precisa usar o artigo quando estiver falando de uma só pessoa (*mia madre, mio padre, mia sorella*), mas deve usá-lo com o plural (com exceção de *loro*: *il loro fratello*).

- Outras palavras para *padre* e *madre* são *papà* (ou *babbo*, usado na Toscana) e *mamma*. Nesses casos, o artigo é usado antes do pronome possessivo: *il mio papà, la mia mamma*. Usa-se também o artigo quando há outro adjetivo caracterizando o nome (*il mio fratello maggiore*) ou com termos afetuosos: *il tuo fratellino* (seu irmãozinho), *la sua sorellina* (sua irmãzinha).

LIÇÃO 2 — Palavras úteis

Palavras essenciais

la famiglia	família
il marito	marido
la moglie	esposa
i genitori	pais
la madre	mãe
il padre	pai
la figlia	filha
il figlio	filho
i figli	filhos
il fratello	irmão
la sorella	irmã
i fratelli	irmãos

Palavras extras

il maggiore	mais velho
il minore	mais novo

Árvore genealógica de Alberto

Tommaso — Marina
Alberto Giulia Marco

DICAS

Há duas formas de expressar posse em italiano:
- usando os pronomes possessivos como *il mio* (o meu). Eles serão apresentados na Lição 4.
- usando o artigo definido + substantivo + *di*. Exemplo: *il marito di Maria* (o marido de Maria).

Atividade A

Observe a árvore genealógica da família de Alberto e complete a descrição dele. A primeira lacuna já está preenchida.

Siamo in cinque nella mia __famiglia__ (família). Tommaso è mio _____ (pai). Mia _____ (mãe) si chiama Marina. Giulia è mia _____ (irmã).

Marco è il _____ (marido) di Giulia.

Atividade B

Circule a palavra correta.

1. Alberto e Giulia sono **fratelli genitori**.

2. Alberto è il **fratello padre** di Giulia.

3. Marina è la **sorella madre** di Alberto.

4. Tommaso è il **figlio padre** di Alberto e Giulia.

5. Marina e Tommaso sono i **figli genitori** di Alberto e Giulia.

6. Alberto è il **marito figlio** di Marina e Tommaso.

7. Giulia è la **figlia figlio** di Marina e Tommaso.

8. Alberto e Giulia sono i **figli genitori** di Marina e Tommaso.

9. Giulia è la **moglie sorella** di Marco.

10. Marco è il **marito fratello** di Giulia.

LIÇÃO 3
Frases úteis

Frases essenciais

È numerosa la sua famiglia?

(In famiglia) siamo in _____.

La mia famiglia è numerosa/poco numerosa.
Che bella famiglia!
Che famiglia numerosa/poco numerosa!

Sua família é grande?

Somos _____ (na família).

Minha família é grande/pequena.
Que família bonita!
Que família grande/pequena!

Atividade A
Coloque as frases na ordem correta para criar um diálogo.

#1 È numerosa la sua famiglia?

No. La mia famiglia è poco numerosa. Siamo in quattro.

Sì, la mia famiglia è numerosa. E la sua famiglia è numerosa?

Che famiglia numerosa!

Nella mia famiglia siamo in otto.

Atividade B
Escreva uma frase dizendo se as famílias são grandes ou pequenas.

1 _____

2 _____

3 _____

4 _____

Sua vez
Use o vocabulário e as frases que você acabou de aprender para falar sobre sua família. É uma família grande ou pequena? Você tem irmãos e irmãs? Se sim, quantos?

Família — Unidade 4

LIÇÃO 4
Gramática

Pronomes possessivos

Os pronomes possessivos sempre concordam em gênero e número com os substantivos a que se referem e são precedidos de artigo definido. Lembre-se, contudo, de não usar o artigo antes de palavras no singular que denotam membros da família (ver Dicas na p. 35).

Singular (m/f)	Plural (m/f)	Português
il mio/la mia	i miei/le mie	meu/minha
il tuo/la tua	i tuoi/le tue	teu/tua (sing., inf.)
il suo/la sua	i suoi/le sue	seu/sua (sing., form.)
il nostro/la nostra	i nostri/le nostre	nosso/nossa
il vostro/la vostra	i vostri/le vostre	seu/sua (pl.)
il loro/la loro	i loro/le loro	dele/dela

Atividade A

Usando os pronomes entre parênteses, preencha as lacunas com o pronome possessivo correto.

1. Lei è _____ madre. (1ª pess., sing.)
2. È _____ macchina? (2ª pess., sing., inform.)
3. _____ famiglia è poco numerosa. (2ª pess., sing., form.)
4. Loro sono _____ sorelle. (1ª pess., sing.)
5. Sono loro _____ genitori? (2ª pess., sing., inform.)
6. Loro sono _____ fratelli. (2ª pess., sing., form.)
7. _____ casa è bella. (1ª pess., pl.)
8. I bambini sono _____ figli. (1ª pess., pl.)

Pronomes demonstrativos

Os pronomes demonstrativos concordam em gênero e número com os substantivos a que se referem. *Quello/quella/quelli/quelle* seguem a mesma regra do artigo definido (ver Unidade 2, Lição 4, p. 22).

	Singular (m/f)	Plural (m/f)
antes de consoante	questo/questa (esse/a)	questi/queste (esses/as)
	quel/quella (aquele/a)	quei/quelle (aqueles/as)
antes de *s* + consoante, *z*, *ps*, *gn*	quello/quella (aquele/a)	quegli/quelle (aqueles/as)
antes de vogal	quell'	quegli/quelle

Antes de substantivos iniciados por vogal, *questo/questa* passam a ser grafados *quest'*.

Atividade B

Leia as frases abaixo. Em seguida, relacione as imagens às frases que as descrevem.

1. Queste bambine sono le mie figlie. _____
2. Quella macchina è di mia sorella. _____
3. Quest'uomo è mio padre. _____
4. Quella casa è di mio fratello. _____
5. Questa donna è mia madre. _____
6. Queste persone sono i miei genitori. _____
7. Quei cani sono di mio fratello. _____
8. Questi bambini sono i miei figli. _____

LIÇÃO 5
L'albero genealogico

Ada (nonna) — **Giovanni** (nonno)

Roberta (zia) — **Lorenzo** (zio) **Lucia** (madre) — **Carlo** (padre)

Giuseppe (cugino) **Adele** (cugina) **Paola** **Luca** (fratello) — **Nadia** (cognata)

Giacomo (nipote) **Linda** (nipote)

Árvore genealógica
Paola Rossi acabou de criar a árvore genealógica de sua família. Observe a árvore e leia os parentescos em voz alta.

Atividade A
Descreva o parentesco entre cada pessoa e Paola.

1 Giovanni é _____

2 Lucia é _____

3 Adele é _____

4 Linda é _____

Atividade B
Você pode dizer quem é quem na família de Paola? Dê o grau de parentesco de cada uma das pessoas retratadas abaixo.

1 _____ 2 _____

3 _____ 4 _____

DICAS
- Perceba que a palavra *nipote* é a mesma tanto para o masculino quanto para o femino, seja no singular (*il nipote, la nipote*), seja no plural (*i nipoti, le nipoti*).
- *Il nipote* e *la nipote* significam tanto sobrinho(a) quanto neto(a).

Família Unidade 4

LIÇÃO 6
Palavras úteis

Palavras essenciais

il cugino	primo
la cugina	prima
il nipote	sobrinho/neto
la nipote	sobrinha/neta
il nonno	avô
la nonna	avó
lo zio	tio
la zia	tia

Palavras extras

il cognato	cunhado
la cognata	cunhada
il genero	genro
la nuora	nora
il suocero	sogro
la suocera	sogra

Atividade A
Ligue as palavras do quadro ao seu equivalente em português.

> zia   nuora   cugina   nipote   nonni   nonno

1 prima _____
2 sobrinho _____
3 tia _____
4 nora _____
5 avô _____
6 avós _____

Atividade B
Qual é o grau de parentesco dessas pessoas? Complete as frases circulando as respostas corretas.

1 La sorella di mia madre è mia...
    a zia   **b** nipote

2 Il figlio di mia zia è mio...
    a cugino   **b** cugina

3 La madre di mio padre è mia...
    a nonno   **b** nonna

4 Il cugino di mio figlio è mio...
    a nipote   **b** cognato

5 Il padre di mio padre è mio...
    a nonno   **b** zio

6 La nipote di mio padre è mia...
    a cugino   **b** cugina

> **DICA**
> Você pode acrescentar o sufixo –*astro* ou –*astra* aos nomes de algumas pessoas que passam a fazer parte da família: *fratellastro, sorellastra, figliastro/figliastra*. No entanto, muitos italianos evitam essa forma porque –*astro* tem uma conotação negativa. Assim, em vez de *fratellastro*, usa-se *figlio di mio padre* (o filho de meu pai), em vez de *figliastra*, *figlia di mio marito/moglie* (filha de meu marido/minha esposa).

LIÇÃO 7 — Frases úteis

DICA
Ti voglio bene geralmente é usado para expressar amor pelos membros da família e amigos. Já *Ti amo* é usado para casais apaixonados. Perceba que o informal *tu* é usado nas duas situações.

Ti amo.

Frases essenciais

Ha parenti?	Você tem parentes?
È unita la sua famiglia?	Sua família é unida?
Ho una famiglia unita.	Tenho uma família unida.
È sposato/sposata?	Você é casado(a)?
Sono celibe/nubile.	Sou solteiro(a).
Voglio bene alla mia famiglia.	Eu amo minha família.
Ti amo.	Te amo.

Atividade A
Trace uma linha relacionando as perguntas às respostas corretas.

1. È molto unita la sua famiglia?
2. Suo fratello è molto bello! È sposato?
3. Ha parenti?
4. È nubile?

No, sono sposata. Quello è mio marito.
Sì, la mia famiglia è molto unita.
No, è celibe.
Sì, ho una famiglia numerosa.

Atividade B
O que você diz quando quer...

1. dizer a seu marido/sua esposa que você o/a ama?
   _____
2. dizer a sua mãe que você a ama?
   _____
3. dizer a alguém que sua família é unida?
   _____
4. perguntar a uma pessoa se ela é casada?
   _____

DICA CULTURAL
Na linguagem coloquial, é muito comum dizer *Sono single* em vez de *Sono celibe/nubile*.

Sua vez
Agora fale sobre você e sua família. Você é solteiro(a) ou casado(a)? Quem é casado em sua família? Quem é solteiro?

Família — Unidade 4

LIÇÃO 8 — Gramática

Artigos indefinidos (um/uma)

Os artigos indefinidos seguem a mesma regra dos artigos definidos (ver p. 22). O uso de cada um deles depende da primeira letra ou das duas primeiras letras (s + consoante, gn, ps) do substantivo subsequente.

M
un   antes de vogal e consoante

uno   antes de z, s + consoante, gn, ps

F
un'   antes de substantivo feminino que começa com vogal

una   antes de todas as consoantes

Atividade A
Escreva o substantivo e o artigo indefinido referentes a cada imagem.

1 _____

2 _____

3 _____

4 _____

O verbo avere (ter)
O verbo avere é irregular. Veja abaixo sua conjugação no presente.

io	ho	eu tenho
tu	hai	tu tens/você tem
Lei	ha	tu tens/você tem (form.)
lui/lei	ha	ele/ela tem
noi	abbiamo	nós temos
voi	avete	vós tendes/vocês têm
loro	hanno	eles/elas têm

Exemplos
Lui ha una cugina. Ele tem uma prima.
Noi abbiamo uno zio. Nós temos um tio.

Atividade B
Escreva frases usando o verbo avere.

1 tu, fratello _____

2 io, cugino _____

3 loro, zia _____

4 voi, nipote _____

Sua vez
Responda às perguntas a seguir sobre sua família.

1 Ha zii? _____

2 Ha nipoti? _____

3 Hanno figli i suoi zii? _____

4 Hanno figli i suoi cugini? _____

DICA
Use o verbo avere nas seguintes situações: Ho fame (Estou com fome/Tenho fome), Ho sete (Estou com sede/Tenho sede) e Ho freddo (Estou com frio/Tenho frio). Você consegue adivinhar como se diz "Estou com calor (caldo)"?

Unidade 4 — Revisão

Atividade A
A família Bianchi está dando uma festa para o *nonno* Alfonso. Serena trouxe seu novo namorado, Carlo, e está mostrando a ele os membros de sua família. Complete o diálogo entre Serena e Carlo sobre os convidados.

Serena Questo è mio _____, Alfonso.
            avô

E questa è mia _____, Giulia.
                avó

Carlo Chi è questa signora?

Serena Lei è mia _____, Laura, e questo è suo
                      prima

_____, Giuseppe.
 irmão

Carlo È tua _____ quella signora?
                 mãe

Serena No, quella è mia _____, Sara.
                             tia

Laura e Giuseppe sono i suoi _____.
                              filhos

Carlo È questa tua madre?

Serena No, questa è mia _____ Linda,
                             tia

_____ di mio _____ Giovanni.
 a esposa   *tio*

Lui è _____ di mio _____.
       o irmão   *pai*

Carlo La tua _____ è numerosa. E dov'è
                  família

tua madre?

Serena I miei _____ non sono alla festa.
                  pais

Atividade B
Diga qual é a relação de cada uma dessas pessoas com Serena. Não se esqueça de usar o pronome possessivo.

Exemplo Alfonso è suo nonno.

1 Giulia _____
2 Laura e Giuseppe _____
3 Sara e Linda _____
4 Giovanni _____

Atividade C
Durante a festa, Giovanni faz perguntas a Carlo sobre sua família. Complete o diálogo com as respostas de Carlo.

Giovanni La sua famiglia è numerosa o poco numerosa?
Carlo _____
Giovanni Ha fratelli?
Carlo _____
Giovanni Ha zii?
Carlo _____

Atividade D
Agora Carlo está fazendo perguntas a Alfonso sobre sua família. Complete o diálogo com os pronomes demonstrativos corretos.

Carlo _____ bambino è suo nipote?
          Aquele

Alfonso No, _____ bambino è mio nipote.
                 esse

Carlo _____ signora è sua moglie?
          Aquela

Alfonso No, _____ signora è mia moglie.
                 essa

Carlo _____ ragazze sono le sue figlie?
          Aquelas

Alfonso No, _____ ragazze sono le mie figlie.
                 essas

Atividade E
Escreva uma frase para cada imagem dizendo quantas crianças há em cada família.

1 _____

2 _____

3 _____

4 _____

Atividade na internet
Acesse **www.berlitzbooks.com/5minute** para encontrar um site com a etimologia de nomes italianos. Debaixo de *cognomi* digite um ou dois sobrenomes que você aprendeu nesta unidade para verificar em qual região da Itália eles são comuns. Depois, debaixo de *nomi*, digite alguns nomes que apareceram nesta unidade (procure por cognatos para entender o sentido geral).

Unidade 5 Refeições

Nesta unidade você aprenderá:
- a falar sobre *la colazione* (café da manhã), *il pranzo* (almoço) e *la cena* (jantar).
- a usar vocabulário relacionado a comida e bebida.
- a fazer perguntas em italiano.
- o verbo irregular *volere* (querer).

LIÇÃO 1 — Ho fame!

Diálogo
Maria e Sergio conversam sobre o que querem comer. Ouça-os discutindo sobre *la colazione*, *il pranzo* e *la cena*. Note que, por serem amigos, o tratamento entre eles é informal.

Maria — Ho fame. Facciamo colazione?

Sergio — Sì, ho voglia di un'insalata.

Maria — Alle otto di mattina? L'insalata si mangia a pranzo o a cena.

Sergio — Va bene. Che cosa vuoi mangiare?

Maria — Delle uova. Ti va di fare una colazione all'inglese?

Sergio — Sì, però ho voglia di bere del vino.

Maria — Ma il vino non si beve a colazione!

Atividade A
Circule **V** para verdadeiro e **F** para falso.

1. Maria quer tomar café da manhã. **V / F**
2. Sergio quer uma salada no café da manhã. **V / F**
3. Maria diz a Sergio que eles devem tomar sopa. **V / F**
4. Sergio está a fim de tomar uma cerveja. **V / F**

Atividade B
Circule a resposta correta.

1. O que Maria quer comer? a / b 
2. O que Sergio está a fim de beber? a / b
3. O que eles vão comer no café da manhã? a / b 
4. A que horas o diálogo se passa? a / b

DICA
Entre diversos outros usos, a preposição *di* serve para:
- expressar posse: la casa di Sergio
- especificar um material: una maglieta di lana
- expressar tempo: di mattina
- dizer de onde alguém vem: Sono di Roma

Para expressar uma quantidade, use *di* + artigo definido (sempre em frases afirmativas). Note que na contração a grafia muda de *di* para *de*:

- di + il = del
- di + lo = dello
- di + la = della
- di + l' = dell'
- di + i = dei
- di + gli = degli
- di + le = delle

46 Unidade 5 Refeições

LIÇÃO 2 — Palavras úteis

Palavras essenciais

Il cibo (Comida)

la frutta	fruta
il pane	pão
la pasta	massa
l'uovo	ovo
la zuppa	sopa

Le bevande (Bebidas)

l'acqua	água
la birra	cerveja
il caffè	café
il latte	leite
il succo	suco
il tè	chá
il vino	vinho

Verbos

bere	beber
mangiare	comer
prendere	pegar/tomar/comer

DICA CULTURAL

A pizza talvez seja o prato italiano mais famoso e popular em todo o mundo. Há diferentes tipos de pizza, e sua espessura varia de região para região. A conhecida pizza de Nápoles geralmente tem a massa mais fina, e seu diferencial se deve a vários fatores: além de ser assada no forno a lenha, ingredientes especiais fazem a massa ter um sabor diferente, e a *mozzarella* utilizada é a de búfala.

DICA

O plural da palavra *uovo* (ovo) é irregular. Preste atenção ao artigo: *le uova*.

Atividade A

Observe as imagens e escreva a comida ou a bebida que cada pessoa está consumindo.

1 _____
2 _____
3 _____  
4 _____

Atividade B

Use as palavras do quadro abaixo para dizer o que você bebe e come no café da manhã, no almoço e no jantar.

della frutta	del pane	del vino
della pasta	dell'acqua	del caffè

1 colazione _____
2 pranzo _____
3 cena _____

DICA

O verbo *prendere* é muito utilizado para se referir a comidas e bebidas. Se você quer dizer que não pode tomar café, diga *Non posso prendere il caffè*. Se estiver em um bar e quiser pedir um café, diga *Prendo un caffè*.

LIÇÃO 3 — Frases úteis

Frases essenciais

Ho fame.	Estou com fome.
Ho sete.	Estou com sede.
Ho voglia di bere ___.	Estou com vontade de beber/tomar ___.
Ho voglia di mangiare ___.	Estou com vontade de comer ___.
Facciamo colazione!	Vamos tomar café da manhã!
Pranziamo!	Vamos almoçar!
Ceniamo!	Vamos jantar!
Vorrei...	Eu gostaria.../Eu queria...

DICA

Para transformar os substantivos *pranzo* e *cena* em verbos, basta retirar a vogal final e acrescentar a terminação –*are*: *pranzare* e *cenare*. Essa regra não se aplica a *colazione*: *fare colazione*.

Atividade A

Seis pessoas querem comer ou beber diferentes coisas. Leia os itens à esquerda e assinale a opção que indica se a pessoa está com fome ou com sede.

		Ho fame	Ho sete
1	pane e frutta	☐	☐
2	latte e tè	☐	☐
3	zuppa e insalata	☐	☐
4	birra e acqua	☐	☐
5	uova	☐	☐
6	succo	☐	☐

Atividade B

Preencha os espaços com a frase correta em italiano.

1 _____ un'insalata.
   _{Estou com vontade de comer}

2 _____ una birra.
   _{Estou com vontade de tomar}

Atividade C

Complete as falas com a frase correta em italiano.

1 Vamos tomar café da manhã!

2 Vamos almoçar!

3 Vamos jantar!

Unidade 5 — Refeições

LIÇÃO 4 — Gramática

Pronomes interrogativos

Che cosa?	O quê?
Chi?	Quem?
Come?	Como?
Come mai?	Como assim?/Por que motivo?
Dove?	Onde?
Perché?	Por quê?
Quale?	Qual?
Quali?	Quais?
Quando?	Quando?
Quanto/Quanta?	Quanto/Quanta?
Quanti/Quante?	Quantos/Quantas?

DICAS

- O uso dos pronomes interrogativos em italiano é bastante semelhante ao uso em português. Veja alguns exemplos:

Chi è il suo amico? — Quem é o seu amigo?
Quando mangiamo? — Quando comemos?
Com'è la sua famiglia? — Como é a sua família?
Che cosa mangia a pranzo? — O que você come no almoço?

- Note que quale/quali e quanto/quanta/quanti/quante variam em gênero e número:

Exemplos:

Quale birra vuoi? — Qual cerveja você quer?
Quante pizze vuoi? — Quantas pizzas você quer?

- Antes do verbo essere, come e dove perdem o e final e se unem ao verbo: Com'è? Dov'è? No caso de quale, apenas retire a vogal final: Qual è?

Atividade A

Usando o conteúdo do quadro abaixo, preencha os espaços com o pronome interrogativo correto.

> Che cosa   Dove   Qual   Quando

1 _____ abita?
2 _____ è il suo indirizzo?
3 _____ prende? Una birra, grazie.
4 _____ va al cinema?

Atividade B

Formule perguntas usando as palavras abaixo.

1 Quali _____?
2 Come mai _____?
3 Perché _____?
4 Chi _____?
5 Quanti _____?

Atividade C

Que pronome você usa para perguntar…

1 a razão de algo?
 _____
2 a identidade de alguém?
 _____
3 quando algo vai acontecer?
 _____
4 qual objeto está sendo mostrado?
 _____
5 onde alguém mora?
 _____

Sua vez

Leia as respostas a seguir. Depois, formule a melhor pergunta para cada uma delas. Ao praticar essas frases em voz alta e diante de um espelho, você pode observar o movimento de seus lábios e, assim, melhorar a sua pronúncia.

1 Mia madre si chiama Giulia.
2 Abito a Roma.
3 Quelli sono i cugini di Marco.
4 Sono le otto.

Refeições — Unidade 5

LIÇÃO 5
Al ristorante

Cardápio
Leia o cardápio abaixo em voz alta. Depois, ouça o diálogo que se passa em um restaurante. Marta está conversando com *il cameriere* (garçom) sobre o que vai pedir.

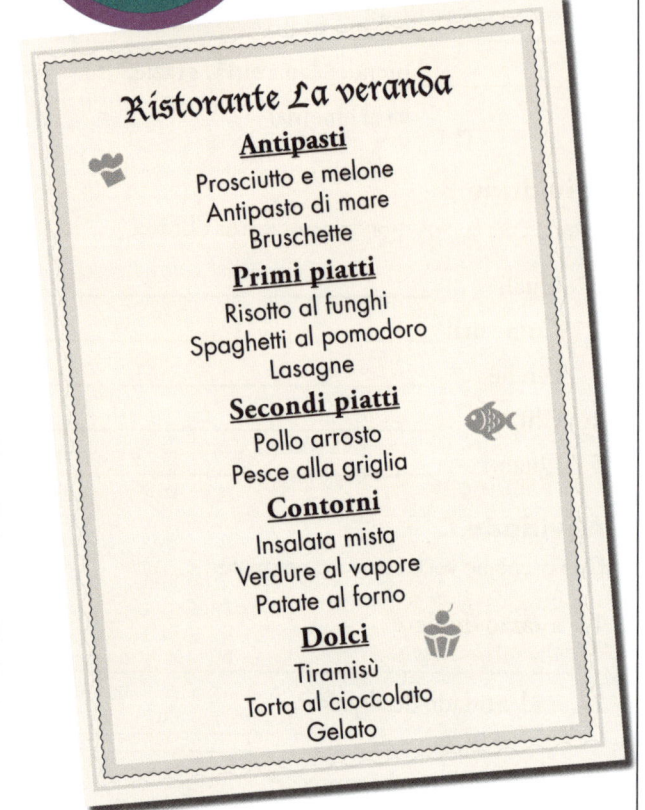

Ristorante La veranda

Antipasti
Prosciutto e melone
Antipasto di mare
Bruschette

Primi piatti
Risotto al funghi
Spaghetti al pomodoro
Lasagne

Secondi piatti
Pollo arrosto
Pesce alla griglia

Contorni
Insalata mista
Verdure al vapore
Patate al forno

Dolci
Tiramisù
Torta al cioccolato
Gelato

Diálogo

Cameriere Buon giorno, che cosa desidera?
Marta Vorrei un antipasto, che cosa mi consiglia?
Cameriere L'antipasto di mare è molto buono.
Marta Va bene. Non voglio un primo però, ma vorrei il secondo. Prendo il pollo arrosto.
Cameriere Vuole un contorno?
Marta Sì, prendo l'insalata mista.
Cameriere E da bere?
Marta Vorrei dell'acqua, grazie.
Cameriere Desidera altro?
Marta No, grazie.

Atividade A
Baseado no diálogo, assinale as respostas corretas.

1. Qual antepasto Marta pediu?
   a / b

2. O que Marta quer como segundo prato?
   a / b

3. Qual guarnição Marta pede?
   a / b

4. Que sobremesa há no cardápio?
   a / b

Atividade B
Coloque as frases na ordem correta para criar um diálogo.

___ Vorrei un secondo.
___ Vuole anche un contorno?
___ Buon giorno, che cosa desidera?
___ Sì, prendo l'insalata mista.

DICA CULTURAL

A refeição dos italianos geralmente consiste de *un primo* (*piatto*) (primeiro prato), que seria uma *pasta* ou *riso* ou *zuppa*, *un secondo* (*piatto*) (segundo prato), que seria *carne* ou *pesce*, e *un contorno* (guarnição), geralmente legumes e verduras. Note que *l'insalata* não é servida no início da refeição, pois é considerada uma guarnição. Os italianos fazem essa refeição completa nos finais de semana ou quando não estão trabalhando. Durante a semana eles comem apenas *un panino* (um sanduíche) ou fazem um almoço leve. Em ocasiões especiais, geralmente a refeição começa com *un antipasto* (aperitivo, entrada) e termina com *un dolce* (sobremesa).

LIÇÃO 6
Palavras úteis

Altre parole sul cibo
(Outras palavras sobre alimentos)

la bistecca	bife
la carne	carne
il formaggio	queijo
il gelato	sorvete
l'insalata	salada
le patate	batatas
il pesce	peixe
il pollo	frango
il riso	arroz
la torta	bolo
le verdure	verduras

Atividade A
Escreva se os pratos a seguir são servidos como entrada, primeiro prato, segundo prato, guarnição ou sobremesa. Use *antipasto*, *primo* (*piatto*), *secondo* (*piatto*), *contorno* ou *dolce*.

1. il riso e la pasta _____
2. la carne e il pesce _____
3. il gelato e la torta _____
4. l'insalata e le verdure _____
5. la bruschetta e il prosciutto e melone _____

DICA CULTURAL
Na Itália, geralmente *il servizio* (o serviço) já vem incluído na conta, por isso não é necessário deixar gorjetas. No entanto, se você achou o serviço muito bom, pode deixar uma pequena quantia na mesa.

Atividade B
Responda às seguintes questões. Não se esqueça de elaborar frases completas.

1. Qual è un antipasto?
   a) / b)
   _____

2. Qual è un secondo piatto?
   a) / b)
   _____

3. Qual è un dolce?
   a) / b)
   _____

Sua vez
Use o novo vocabulário e as novas frases para criar o seu cardápio.

Ristorante _____
Menu

Antipasti
_____
_____

Primi piatti
_____
_____

Secondi piatti
_____
_____

Contorni
_____
_____

Dolci
_____
_____

Bevande
_____
_____

Refeições · Unidade 5 · 51

LIÇÃO 7
Frases úteis

Frases essenciais

Buon appetito.	Bom apetite.
Che cosa mi consiglia?	O que você sugere/recomenda?
Desidera altro?	Deseja algo mais?
È molto buono!	Está muito bom!
Facciamo alla romana.	Vamos dividir a conta.
Pago io!	Eu pago!
Il conto, per favore.	A conta, por favor.
Posso vedere la carta dei vini?	Posso ver a carta de vinhos?
Qual è la specialità della casa?	Qual é a especialidade da casa?
La specialità è _____.	A especialidade é _____.

Atividade A
O que você diz quando quer...

1 desejar uma boa refeição a alguém?
   _____

2 pedir a conta ao garçom?
   _____

3 elogiar a comida?
   _____

4 pedir a carta de vinhos?
   _____

DICAS CULTURAIS

- Na Itália, *un ristorante* é um lugar requintado e muitas vezes caro. Se você prefere um ambiente mais informal e não quer gastar muito, escolha *una trattoria*, que geralmente é gerenciada por uma família, ou *una pizzeria*.

- Nos cafés (*bar*) italianos, é muito comum parar para tomar um café preto ou um café da manhã com *cornetto* (*croissant*) e *cappuccino*. Geralmente as pessoas bebem ou comem de pé, no balcão.

Atividade B
Circule a melhor resposta para as perguntas e situações abaixo.

1 Qual è la specialità della casa?
   a È molto buono!
   b La specialità è il pesce.

2 Durante a refeição você decide pedir algo para beber. Você diz *al cameriere*:
   a Posso vedere la carta dei vini?
   b Buon appetito.

3 Quando o garçom pergunta se você gostou do prato, você responde:
   a La specialità è la carne.
   b È molto buono!

4 Ao fim do jantar, você diz *al cameriere*:
   a Il conto, per favore.
   b Qual è la specialità della casa?

Sua vez
Você está em um restaurante com um(a) amigo(a). Descreva para ele(a) os diferentes pratos, o cardápio e os pratos do dia. Pergunte ao(à) seu(ua) amigo(a) o que ele(a) achou do prato que escolheu. Ao final, seja cortês e se ofereça para pagar a conta.

LIÇÃO 8 — Gramática

O verbo *volere* (querer)

O verbo *volere* é irregular. Veja abaixo sua conjugação no presente.

io	voglio	eu quero
tu	vuoi	tu queres/você quer
Lei	vuole	tu queres/você quer (form.)
lui/lei	vuole	ele/ela quer
noi	vogliamo	nós queremos
voi	volete	vós quereis/vocês querem
loro	vogliono	eles/elas querem

DICAS

- Use *vorrei* (eu queria) quando pedir algo em um restaurante: é uma maneira mais polida de fazer pedidos.
- Se quiser dizer que prefere algo, use o verbo *preferire*: *Preferisco il pollo* (Prefiro frango). Lembre-se de que *preferire* é um verbo que termina em *–ire*, então acrescente *–isc* ao conjugá-lo (Ver Unidade 3, p. 31).
- Para formar frases negativas, basta colocar *non* antes do verbo *volere*. Exemplo: *Non voglio il dolce* (Não quero sobremesa).

Atividade A

Complete as frases com a forma correta do verbo *volere*.

1. Lei non _____ il pollo come secondo.
2. Noi _____ l'insalata come contorno.
3. Loro _____ il gelato come dolce.
4. Anna, _____ il risotto?

Atividade B

O que você gostaria de comer? Complete as frases abaixo com o verbo *volere* na primeira pessoa do singular para dizer o que você quer e o que não quer comer.

1. _____ _____ come secondo.
   Eu quero / frango
2. _____ _____ come antipasto.
   Eu não quero / queijo
3. _____ _____ come secondo.
   Eu quero / peixe
4. _____ _____ come primo.
   Eu não quero / massa
5. _____ _____ come dolce.
   Eu quero / bolo
6. _____ _____ come contorno.
   Eu não quero / verduras

Sua vez

Vuole carne o verdure? Diga em voz alta quais alimentos você quer comer. Depois, usando o verbo *preferire*, diga quais desses alimentos você prefere.

- l'insalata
- il pesce
- il pollo
- le patate

Refeições — Unidade 5

Unidade 5 — Revisão

Atividade A

Observe as figuras. Depois, elabore frases completas para dizer o que as pessoas querem para o almoço e o que elas preferem para o jantar. Use os pronomes pessoais *io, tu, lui/lei, noi, voi* e *loro*. Duas frases já estão feitas como exemplo.

A pranzo (volere)

1. Voglio mangiare una zuppa e bere dell'acqua.
2. _____
3. _____
4. _____
5. _____
6. _____

A cena (preferire)

1. _____
2. _____
3. _____
4. _____
5. _____
6. Preferisco no mangiare la carne e bere una birra.

Atividade B

Houve um problema no cardápio da Trattoria Italia. Alguém misturou tudo: entradas, primeiro prato, segundo prato e sobremesas. Desfaça os enganos reposicionando as palavras nos lugares corretos.

Trattoria Italia

Menu

Antipasti
Tiramisù

Primi
Pollo arrosto
Torta al cioccolato

Secondi
Risotto ai funghi
Pesce alla griglia

Dolci
Bruschetta

Atividade C

Mario está com fome. Ele e Lucia vão jantar fora. Use as frases e os pronomes interrogativos aprendidos nesta unidade para preencher as lacunas do diálogo abaixo.

Mario _____ fame.
Lucia _____ vuoi mangiare?
Mario _____ del pesce.
Lucia Andiamo _____.

No carro

Mario _____ è il ristorante?
Lucia È là. (Ela aponta para o restaurante descendo o quarteirão.)

No restaurante, antes de comer

Lucia Che _____ come primo?
Mario Vorrei _____.

No restaurante, depois de comer

Lucia Cameriere, _____, per favore.

Desafio

Veja a palavra *melagrana*. O que você acha que ela significa? (Dica: é um tipo de fruta.) Depois de chutar um significado, verifique se você acertou procurando a palavra em um dicionário de italiano-português. Procure também outras frutas e outros alimentos para aumentar o seu vocabulário. Visite **www.berlitzbooks.com/5minute** para encontrar uma lista de dicionários on-line.

Atividade na internet

Acesse **www.berlitzbooks.com/5minute** para encontrar uma lista de sites de restaurantes italianos. Procure um cardápio e leia-o em voz alta. *Quali sono gli antipasti? I primi piatti? E i secondi?* Se você não souber o significado de algumas palavras, anote-as e procure-as no dicionário.

Unidade 6 — Clima e temperatura

Nesta unidade você aprenderá:
- a falar sobre temperatura, clima e estações do ano.
- adjetivos.
- o Presente contínuo (verbo ser + gerúndio).

LIÇÃO 1 — Che tempo fa?

Diálogo

Carlo mora em Palermo e Fernanda mora em Milão. Ouça a conversa deles por telefone a respeito do clima.

Carlo Buon giorno Fernanda! Che tempo fa a Milano?

Fernanda Fa freddo. C'è il sole, però ci sono dieci gradi.

Carlo Davvero? Anche a Palermo fa brutto tempo.

Fernanda Qual è la temperatura?

Carlo Ci sono venticinque gradi e piove.

Fernanda Venticinque gradi? Ma non è brutto!

Atividade A

Relacione as perguntas às imagens correspondentes.

1. Che tempo fa a Milano?
2. Che tempo fa a Palermo?
3. Qual è la temperatura a Milano?
4. Qual è la temperatura a Palermo?

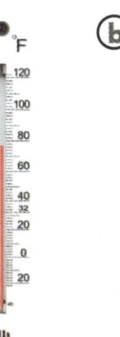

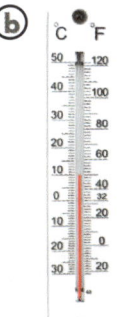

Atividade B

Releia o diálogo e procure nele palavras que completem a cruzadinha abaixo. Duas das cinco palavras são iguais no português!

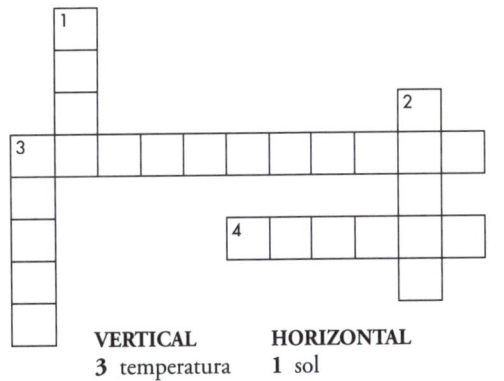

VERTICAL
3 temperatura
4 frio

HORIZONTAL
1 sol
2 grau
3 tempo

DICA

A palavra *anche* significa "também". Geralmente é usada no início da frase para dar mais ênfase. Exemplo:

Anche a Palermo fa freddo.   Em Palermo também faz frio.
Anche lei sente freddo.   Ela também sente frio.

LIÇÃO 2
Palavras úteis

DICA CULTURAL

Na Itália, *la temperatura* também é medida em graus Celsius (*gradi Celsius* ou *gradi centigradi*). O termo mais comum é *gradi* (o singular é *grado*).

Palavras essenciais

caldo	calor
freddo	frio
la neve	neve
nuvoloso	nebuloso
la pioggia	chuva
piovoso	chuvoso
il sole	sol
il tempo	clima/tempo
umido	úmido
il vento	vento

Atividade A
Use as palavras acima para completar o diálogo.

Che _____ fa in Svizzera?
   tempo

Fa _____ e _____.
   frio   *está nebuloso*

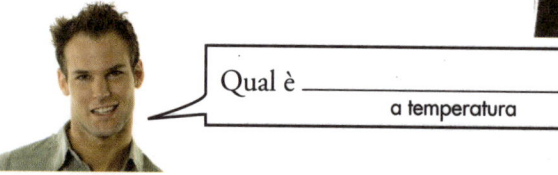

Qual è _____?
   a temperatura

Ci sono dieci _____.
   graus

Davvero? Qui fa _____.
   calor
_____ está úmido.

Atividade B
Circule a afirmação que se relaciona a cada frase.

1 Está um tempo bom lá fora.
  a Ci sono trenta gradi.   **b Fa freddo.**

2 Está 2 graus Celsius lá fora.
  a Fa caldo.   **b Fa freddo.**

3 Está chovendo e ventando. Isso se refere a:
  a la temperatura   **b il tempo**

4 Está 6 graus Celsius lá fora. Isso se refere a:
  a il tempo   **b la temperatura**

Atividade C
Relacione as palavras às imagens.

1 nuvoloso   a 
2 piovoso   b 
3 il vento   c 
4 il sole   d

Unidade 6 — Clima e temperatura

LIÇÃO 3
Frases úteis

Frases essenciais

Che tempo fa? — Como está o tempo?
C'è il sole. — Está sol.
C'è vento. — Está ventando.
Ci sono _____ gradi. — Está _____ graus.
Fa bel/brutto tempo. — O tempo está bom/ruim.
Fa caldo/freddo. — Está calor/frio.

Frases extras

Sta nevicando. — Está nevando.
Sta piovendo. — Está chovendo.

DICA CULTURAL

Se alguém estiver falando sobre o clima e você ouvir *piove a catinelle*, é melhor correr e pegar seu *ombrello* (guarda-chuva). Essa expressão significa "Chove a cântaros".

Atividade A
Coloque cada palavra ou frase na coluna correta.

35°C	Fa caldo.	6°C
Fa bel tempo.	32°F	Fa freddo.

Qual è la temperatura?   Che tempo fa?

_____   _____

_____   _____

_____   _____

Atividade B
Che tempo fa? Relacione cada foto com a descrição correta do clima.

1   a Fa caldo.

2   b C'è il sole.

3   c Fa brutto tempo.

4   d Fa freddo.

Atividade C
Imagine que seja um dia quente de primavera. Leia as perguntas e circule a resposta correta.

1 Che tempo fa?
   a Fa bel tempo.   **b Fa brutto tempo.**

2 Fa caldo o freddo?
   a Fa caldo.   **b Fa freddo.**

3 Qual è la temperatura?
   a Ci sono cinque gradi.   **b Ci sono ventisei gradi.**

Clima e temperatura — Unidade 6

LIÇÃO 4
Gramática

Posicionamento dos adjetivos

Em italiano, a maioria dos adjetivos vem depois do substantivo. Alguns, no entanto, vêm antes do substantivo, e outros variam dependendo do significado. Seguem abaixo algumas regras sobre a colocação dos adjetivos:

- Depois do substantivo: cor, formato, religião, nacionalidade.

Exemplos

un tè verde	um chá verde
un piatto rotondo	um prato redondo
una chiesa cattolica	uma igreja católica
una ragazza svizzera	uma moça suíça

- Antes do substantivo: aparência, idade, bom/mau, tamanho.

Exemplos

la bella ragazza	a moça bonita
il giovane ragazzo	o jovem rapaz
il bravo studente	o bom aluno
il piccolo cane	o cachorro pequeno

- Assim como em português, dependendo de sua posição na frase, alguns adjetivos mudam de significado. Veja abaixo alguns exemplos:

Adjetivo	Antes do substantivo	Depois do substantivo
bravo/a (m/f)	bom/boa	muito bom/boa
certo/a (m/f)	particular/ específico	evidente/óbvio
caro/a (m/f)	estimado(a)/ querido(a)	caro(a)/ dispendioso(a)
grande	famoso(a)	alto(a)
povero/a (m/f)	coitado(a)	pobre (não rico)
nuovo/a (m/f)	outro(a)	novo(a)

Atividade A
Coloque o adjetivo na posição correta.

1. la _____ ragazza _____ (bella)
2. il _____ cane _____ (piccolo)
3. la _____ macchina _____ (rossa)
4. il _____ ragazzo _____ (americano)
5. la _____ tavola _____ (rotonda)

Atividade B
Baseando-se na colocação na frase, escolha o significado correto dos adjetivos.

1. una macchina nuova
   - **a um carro novo**
   - **b outro carro**
2. l'uomo povero
   - **a o homem pobre**
   - **b o pobre homem**
3. una grande donna
   - **a uma mulher alta**
   - **b uma mulher famosa**
4. un uomo bravo
   - **a um homem bom**
   - **b um homem muito bom**

DICA
Outro adjetivo que muda de significado dependendo de sua posição em relação ao substantivo é *vecchio/a*. Em português, essa mudança é a mesma: se colocado antes do substantivo, significa "conhecido há muito tempo" (È un vecchio amico = "É um velho amigo"); se colocado depois, significa "aquele que tem mais idade, idoso/velho" (Un amico vecchio = "Um amigo velho").

Sua vez
Pense em alguns adjetivos comuns. Procure-os em um dicionário italiano-português e siga as regras para decidir em qual posição deve colocá-los na frase.

LIÇÃO 5
Che sta facendo?

O que você está fazendo? Leia a ficha ao lado e a entrevista (*l'intervista*) com Antonio Bianchi, um famoso jogador de futebol. Veja o que Antonio gosta de fazer e de vestir em cada estação do ano.

Nome Antonio Bianchi
Età 33 anni
Nazionalità Italiana
Occupazione Calciatore
Attività preferite correre, giocare a calcio, viaggiare, nuotare

Entrevista

Giornalista Che fa di solito in estate?

Antonio In estate gioco a calcio, nuoto e corro.

Giornalista Viaggia durante l'estate?

Antonio No, viaggiare in estate è noioso. In estate sto in Italia, ma in inverno viaggio un po' nei paesi del Nord Europa.

Giornalista In estate non ha bisogno di molti vestiti: bastano pantaloncini corti, magliette e un costume. Però in inverno...

Antonio Ha ragione. In inverno fa freddo nei paesi del Nord Europa. Porto il cappotto, i guanti e la sciarpa.

Giornalista Ho una sua foto. Dov'è in questa foto?

Antonio Sono a Roma.

Atividade A

Complete o esquema abaixo com as atividades que Antonio pratica no verão.

attività in estate

Complete o esquema abaixo com as roupas que Antonio usa no inverno.

vestiti in inverno

Atividade B

Complete as seguintes frases sobre Antonio.

1. Antonio nada, corre e _____ no verão.
2. Antonio viaja no _____.
3. Antonio veste um casaco no _____.
4. Antonio é da _____ e tem _____ anos.

DICA CULTURAL

Segundo uma recente pesquisa, *il calcio* (futebol) continua sendo o esporte mais popular na Itália, mas já não é o mais praticado. Italianos preferem atividades aeróbicas, *fitness* e musculação ao futebol. A dança também vem se tornando cada vez mais popular, sendo o esporte ou *hobby* de mais de um milhão de pessoas.

LIÇÃO 6
Frases úteis

Frases essenciais

Che fa di solito?	O que você costuma fazer?
Che sta facendo?	O que você está fazendo?
Durante l'estate io di solito ____.	Durante o verão eu geralmente ____.
È divertente.	É divertido.
È noioso.	É chato.
Ha ragione.	Você tem razão.

Atividade A

Che pensa? (O que você acha?) Escreva *noioso* ou *è divertente* para dizer o que você acha de cada atividade.

1 _____
2 _____
3 _____
4 _____

Atividade B

O que você diz quando quer...

1 perguntar a alguém o que ele(a) está fazendo?
　_____

2 perguntar a alguém o que ele(a) geralmente faz?
　_____

3 dizer o que você costuma fazer *durante l'inverno*?
　_____

4 dizer a alguém que ele(a) está certo(a)?
　_____

Sua vez

Complete as frases com as atividades que você acha divertidas ou entediantes.

1 _____ è divertente.

2 _____ è noioso.

3 _____ è divertente.

4 _____ è noioso.

DICA DE PRONÚNCIA

Lembre-se de que *gn*, em italiano, é lido como o *nh* em português e que o som de *gl* equivale ao do nosso *lh*. As vogais com acento grave (`) têm o som aberto e forte como as que levam o acento agudo em português. E não se esqueça: não nasalize as vogais que antecedem *m* ou *n*!

Clima e temperatura

LIÇÃO 7 — Palavras úteis

Palavras essenciais

I vestiti (Roupas)

il cappotto	casaco
il costume	traje de banho
la giacca	jaqueta
i guanti	luvas
la maglietta	camiseta
i pantaloncini	shorts
la sciarpa	echarpe

Le stagioni (As estações)

la primavera	primavera
l'estate	verão
l'autunno	outono
l'inverno	inverno

Palavras extras

correre	correr
giocare	jogar/brincar
nuotare	nadar
portare/indossare	vestir
viaggiare	viajar
le scarpe	sapatos

Atividade A
Escreva a palavra que corresponde a cada figura.

1 _____

2 _____

3 _____

Atividade B
Use as palavras do quadro para nomear cada uma das estações representadas nas imagens.

> l'inverno   la primavera   l'estate   l'autunno

1 _____

2 _____

3 _____

4 _____

Atividade C
Complete as frases abaixo com as palavras em italiano.

1 Porto la _____ in autunno.
      jaqueta

2 Tu porti i _____ in inverno.
      luvas

3 Lei porta una _____ in primavera.
      camiseta

4 Mio zio porta i _____ in estate.
      shorts

Clima e temperatura — Unidade 6 — 61

LIÇÃO 8
Gramática

O presente contínuo (verbo ser + gerúndio)
O presente contínuo indica uma ação que está acontecendo no momento da fala.

Verbos terminados em –*are*
stare (conjugado) + verbo principal no gerúndio + *–ando*
Exemplo *giocare* ⟶ *giocando*
Lei sta giocando.   Ela está jogando/brincando.

Verbos terminados em –*ere* e –*ire*
stare (conjugado) + verbo principal no gerúndio + *–endo*
Exemplo *correre* ⟶ *correndo*
Stiamo correndo.   Estamos correndo.
Exemplo *partire* (partir/sair) ⟶ *partendo*
Loro stanno partendo.   Eles estão partindo/saindo.

O verbo *stare* (estar)
O verbo irregular *stare* é usado para formar o presente contínuo.

io	sto	eu estou
tu	stai	tu estás/você está
Lei	sta	tu estás/você está (form.)
lui/lei	sta	ele/ela está
noi	stiamo	nós estamos
voi	state	vós estais/vocês estão
loro	stanno	eles/elas estão

Atividade A
Dê o presente contínuo do verbo *viaggiare*.

io _____
tu _____
Lei _____
lui/lei _____
noi _____
voi _____
loro _____

Atividade B
Oberve cada imagem e escreva o que está acontecendo.

1 io: viaggiare   2 lui: giocare

_____   _____

3 loro: correre   4 tu: nuotare

_____   _____

O verbo *giocare* (jogar/brincar)
Na conjugação do verbo *giocare* (como acontece com todos os verbos terminados em *–gare*), deve-se acrescentar um *–h* às formas dos pronomes *tu* e *noi* para que o som de *c* seja mantido. Exemplo: *tu giochi, noi giochiamo*. Esse verbo também exige o uso da preposição *a*. Exemplo: *Gioco a calcio* (Eu jogo futebol).

Atividade C
Elabore frases em italiano dizendo quem joga *a calcio*.

1 (Maria) _____
2 (noi) _____
3 (io) _____
4 (tu) _____

Atividade D
A cosa gioca? (O que você joga?) Use a forma correta do verbo "jogar" para responder à questão.

1 _____   2 _____
     pallavolo   golf

3 _____   4 _____
      carte   calcio

Unidade 6   Clima e temperatura

Unidade 6 — Revisão

Atividade A
Como você traduziria as seguintes frases?

1. Eu estou estudando. _____
2. Ele está correndo. _____
3. Nós estamos saindo. _____
4. Está chovendo. _____
5. Ela está nadando. _____

Atividade B
Insira os adjetivos na posição correta.

1. la _____ macchina _____ (blu)
2. una _____ casa _____ (bella)
3. un _____ ragazzo _____ (giovane)
4. un _____ uomo _____ (italiano)
5. un _____ cappotto _____ (caro)

Atividade C
Encontre as palavras relacionadas ao clima e às estações do ano no caça-palavras abaixo.

vento   sole   caldo   freddo   estate
piovere   primavera   neve   temperatura

```
B P E V Z L Z S C S H N W Y J
X C L A C H A Q U E T E W V V
Q P Y C X Q Z M K D Y V P Y C
E D S L A P R I M A V E R A E
R D O B M N A B R Z E K P E S
E A L F L M S V L E A D O I T
V Q E A T E M P E R A T U R A
O Z Z Z Q G A L Q N W P E H T
I E S T A C A L I D T D L L E
P I J U G A R C A L D O J K W
B K V F Z R H V R E P J U O D
S Q W R J P K A P P J R N Y U
I T O D D E R F D B X L Q X N
```

Atividade D
Che tempo fa? (Como está o tempo?) Antes de sair, Maria checa a previsão do tempo. Escreva em italiano o clima que está representado em cada imagem.

1. _____

2. _____

3. _____

Desafio
Você estudou o presente contínuo e a relação desse tempo verbal com o clima. Revendo as frases e a gramática desta unidade, como você diria que joga futebol quando está chovendo?

Atividade na internet
Você consegue imaginar como está o tempo na Itália agora? Acesse **www.berlitzbooks.com/5minute** e encontre um site em italiano com a previsão do tempo. Escolha quatro cidades e verifique a temperatura em cada uma delas. Depois, diga em italiano se o clima está bom ou ruim.

Unidade 7 — Compras

Nesta unidade você aprenderá:
- vocabulário relacionado a compras e modos de pagamento.
- a pedir peças de roupas de diferentes tamanhos nas lojas.
- a fazer comparações.
- verbos reflexivos como *provarsi* (provar) e *vestirsi* (vestir-se).
- a usar pronomes indefinidos como *qualcuno* (alguém) e *qualcosa* (alguma coisa).

LIÇÃO 1 — Il negozio d'abbigliamento

Diálogo

Anna está em *un negozio d'abbigliamento* (uma loja de departamentos). Ela está procurando um vestido. Ouça a conversa entre ela e o vendedor (*il commesso*).

Commesso Buon giorno. Posso aiutarla?
Anna Sto cercando un vestito.
Commesso I vestiti sono qui. Che taglia porta?
Anna La M, grazie.
Commesso Bene. Vuole provare il vestito blu?
Anna Sì, grazie.
Commesso Come le sta?
Anna Mi va stretto. Posso provare la L?
Commesso Sì, va bene.

Atividade A
Circule a imagem correta.

1. Que peça de roupa Anna está procurando?
   a   b   c

2. Que tamanho Anna quer?
   a (pequeno)   b (médio)   c (grande)

3. Que cor Anna quer?
   a   b   c

Atividade B
Assinale a alternativa que corresponde à tradução da pergunta em italiano.

1. Posso aiutarla?
   a **Posso ajudá-la?**
   b **Como você gostaria de pagar?**

2. Che taglia porta?
   a **Que cor você quer?**
   b **Que tamanho você usa?**

3. Come le sta?
   a **Como ficou?**
   b **Que tamanho você quer?**

LIÇÃO 2 — Frases úteis

Frases essenciais

Che taglia porta?	Que tamanho você usa?
Porto la (taglia) _____.	Uso o (tamanho) _____.
Come le sta?	Como ficou?/Como está?
Mi va stretto/largo.	Está apertado/largo.
Le serve altro?	Você precisa de mais alguma coisa?
Posso aiutarla?	Posso ajudá-lo(a)?
Sto cercando _____.	Estou procurando _____.
Vorrei comprare un/una _____.	Eu gostaria de comprar um/uma _____.
Vuole provarsi _____?	Quer provar _____?

Atividade A
Escolha a resposta correta.

1 Buon giorno. Posso aiutarla?
 a Sto cercando una gonna.
 b La gonna è piccola.

2 Che taglia porta?
 a Porto una taglia grande.
 b Vorrei comprare un maglione.

3 Vuole provarsi il vestito?
 a Sto cercando una camicia.
 b Sì, grazie.

4 Le serve altro?
 a No, grazie.
 b Mi sta stretto.

Atividade B
Responda com as frases que você acabou de aprender.

1 Posso aiutarla?
 _____.
 Diga que você está procurando um vestido.

2 Le serve altro?
 _____.
 Diga que você usa o tamanho médio.

3 Le serve altro?
 _____.
 Diga que você quer comprar uma saia.

4 Che taglia porta?
 _____.
 Diga que você usa o tamanho pequeno.

DICA
Se alguém lhe perguntar *Altro?*, você pode responder *Sì, vorrei qualcos'altro* (Sim, eu queria mais alguma coisa/algo mais).

LIÇÃO 3
Palavras úteis

Palavras essenciais

L'abbigliamento (Roupas)

i calzini	meias
la camicia	camisa
la cravatta	gravata
la gonna	saia
il maglione	malha de lã
i pantaloni	calça
il vestito	vestido
i vestiti	roupas

Le taglie (Tamanhos)

la XS	PP
la S	P
la M	M
la L	G
la XL	GG

I colori (Cores)

arancione	laranja
bianco	branco
blu	azul
giallo	amarelo
marrone	marrom
nero	preto
rosa	rosa
rosso	vermelho
verde	verde
viola	roxo

Atividade A
Escreva o nome de cada peça de roupa.

1 _____
2 _____
3 _____
4 _____
5 _____

Atividade B
Leia cada frase e circule o item que você está procurando.

1 Sto cercando una camicia rosa.
   a    b

2 Sto cercando una cravatta rossa.
   a    b

3 Sto cercando una camicia L.
   a    b

4 Sto cercando un vestito nero.
   a    b

DICA

Com exceção de *blu*, *rosa* e *viola*, que não variam em gênero e número, certifique-se de usar as formas corretas das cores. Assim, por exemplo, *bianco* (m.)/*bianca* (f.)/*bianchi* (m., pl.)/*bianche* (f., pl.).

DICA CULTURAL

A palavra *jeans* refere-se originalmente ao tipo de tecido das roupas dos marinheiros italianos. Vem de Gene, uma abreviação em inglês do nome da cidade de Genova, famosa por seu porto.

LIÇÃO 4
Gramática

Verbos reflexivos

- *Vestirsi* (vestir-se) e *provarsi* (provar) são verbos reflexivos.
- Para conjugar os verbos reflexivos, retire as terminações *–arsi*, *–ersi* e *–irsi* e acrescente as terminações das conjugações dos verbos em *–are*, *–ere* e *–ire*, posicionando o pronome reflexivo antes do verbo. Veja um exemplo abaixo:

Pronomes reflexivos

io	mi	eu me
tu	ti	tu te, você se
Lei	si	tu te, você se (form.)
lui/lei	si	ele/ela se
noi	ci	nós nos
voi	vi	vós vos, vocês se
loro	si	eles/elas se

Vestirsi

io	mi vesto	eu me visto
tu	ti vesti	tu te vestes/você se veste
Lei	si veste	tu te vestes/você se veste
lui/lei	si veste	ele/ela se veste
noi	ci vestiamo	nós nos vestimos
voi	vi vestite	vós vos vestis/vocês se vestem
loro	si vestono	eles/elas se vestem

Atividade A
Complete as frases com os pronomes reflexivos corretos.

1 Lui _____ veste alle otto.
2 Noi _____ proviamo i pantaloni.
3 Loro _____ vestono di mattina.
4 Tu _____ provi una camicia.

Atividade B
Conjugue corretamente o verbo *vestirsi* para completar as frases.

1 Loro si _____ alle sette.
2 Ti _____ alle nove.
3 Mi _____ per la festa.
4 Il bambino si _____ da solo.
5 Ci _____ di mattina.

DICA
Quando houver na frase o verbo *potere* (poder), *dovere* (dever) ou *volere* (querer), você pode colocar o pronome reflexivo antes desses verbos (por exemplo, *Mi voglio vestire* = Eu quero me vestir) ou depois do verbo principal sem a terminação *e* (por exemplo, *Voglio vestirmi*).

Sua vez
Há muitos outros verbos reflexivos, por exemplo: *alzarsi* (levantar-se), *lavarsi* (lavar-se), *svegliarsi* (acordar), *mettersi* (meter-se, colocar-se). Escolha um deles e conjugue-o no quadro abaixo, prestando atenção às terminações. Se você tiver alguma dúvida, consulte a resposta no final do livro.

io	mi	
tu	ti	
Lei	si	
lui/lei	si	
noi	ci	
voi	vi	
loro	si	

LIÇÃO 5
Come vuole pagare?

Como quer pagar?

Leia o anúncio da loja. Recorra às palavras do quadro abaixo para ajudá-lo a compreender o texto.

Moda Italia

Venite al negozio Moda Italia per una vendita promozionale! I vestiti di D&G e Armani hanno il 50% di sconto. Un affare! Le camicie di Versace e altri abiti firmati hanno invece il 30% di sconto.

Agora observe o anúncio da Stile Italiano. Repare nas diferenças entre este anúncio e o anterior.

STILE ITALIANO

Venite al negozio Stile italiano per una vendita promozionale! I vestiti di D&G e Armani hanno il 20% di sconto. Un affare! Le camicie di Versace e altri abiti firmati hanno invece il 40% di sconto.

Accettate carte di credito?

Sì le accettiamo.

Quanto costano le gonne?

Costano €40. Non accettiamo carte di credito.

Atividade B

Compare os dois anúncios e circule a resposta correta.

1. Qual loja tem o melhor desconto nas camisas?
    - **a** Moda Italia
    - **b** Stile Italiano
2. Os vestidos na Moda Italia são mais baratos ou mais caros que na Stile Italiano?
    - **a** mais caros
    - **b** mais baratos
3. D&G e Armani estão à venda nas duas lojas?
    - **a** sim
    - **b** não
4. A loja Stile Italiano aceita cartões de crédito?
    - **a** sim
    - **b** não

---

abiti firmati	estilista
50% di sconto	50% de desconto
un affare	uma pechincha
vendita promozionale/saldi	promoção, saldão
Venite!	Venha!

Atividade A

Com base no anúncio, circule a resposta correta.

1. Quem é o estilista?
    - **a** D&G
    - **b** Versace
2. Qual peça tem o maior desconto?
    - **a** vestidos
    - **b** camisas
3. As camisas estão na promoção?
    - **a** sim
    - **b** não
4. A loja Moda Italia aceita cartões de débito e de crédito?
    - **a** sim
    - **b** não

DICA CULTURAL

A Itália faz parte da União Europeia e sua moeda é o euro (€), que substituiu a lira italiana. Na Suíça, o franco suíço – *franco svizzero* em italiano – ainda é usado, mas o euro é aceito nas proximidades das fronteiras suíças e nas regiões que recebem muitos turistas. Note que, por ser uma palavra de origem estrangeira, "euro" não varia no plural: *un euro, due euro*.

LIÇÃO 6
Frases úteis

Frases essenciais

Accettate carte di credito e bancomat/assegni?	Vocês aceitam cartão de crédito e débito/cheques?
Sì, accettiamo _____.	Sim, nós aceitamos _____.
Quanto costa la gonna?	Quanto custa a saia?
Quanto costano i pantaloni?	Quanto custa a calça?
Costa/Costano poco!	Custa/Custam pouco! É/são barato(s)!
(Non) è (molto) caro!	(Não) é (muito) caro!
Vorrei pagare con la carta di credito.	Gostaria de pagar com cartão de crédito.

Frases extras

Ecco il resto/lo scontrino.	Aqui está seu troco/recibo.
Vorrei comprarlo/comprarla.	Gostaria de comprá-lo(a).
Vorrei comprarli/comprarle.	Gostaria de comprá-los(as).
Do solo un'occhiata.	Estou apenas olhando.

Atividade A
O que você diz quando quer...

1 perguntar se a loja aceita cartões de débito?
_____

2 perguntar quanto custa uma saia?
_____

3 perguntar se a loja aceita cheques?
_____

4 dizer que vai pagar com cartão de crédito?
_____

5 perguntar o preço de uma calça?
_____

Atividade B
Observe as imagens e escolha a melhor palavra para completar cada frase.

> care   poco   molto   cara

1 € 170

Sono _____.

2 € 70

È _____.

3 € 20

Costa _____.

4 € 80

Costano _____.

DICA CULTURAL
Italianos gostam de caprichar em tudo o que fazem. A expressão *fare bella figura* literalmente significa "causar uma boa impressão" e refere-se a uma filosofia de vida. Note que os italianos geralmente se vestem muito bem, mesmo em ocasiões informais.

LIÇÃO 7
Palavras úteis

Palavras essenciais

l'assegno	cheque
il bancomat	cartão de débito
la carta di credito	cartão de crédito
i contanti	dinheiro vivo
lo scontrino	comprovante/recibo
i soldi	dinheiro

Palavras extras

il cambio	câmbio
i centesimi	centavos
il portafoglio	carteira
il resto	troco
gli spiccioli	trocado

Atividade A
Complete as frases com a palavra mais apropriada.

1. Accettate un _____?
   check

3. Ecco _____.
   the receipt

Atividade B
Preencha os espaços para completar o pensamento de Marco. Use as dicas em português que estão embaixo dos fios.

Ho 500 _____ in _____ nel mio portafoglio. Ho anche una _____. Voglio comprare molti vestiti perché _____ è favorevole.

(euros / dinheiro vivo / cartão de crédito / o câmbio)

DICAS
- Para dizer como você quer pagar uma compra, use a preposição *con*.
  Vorrei pagare con la carta di credito. Eu gostaria de pagar com cartão de crédito.
- Há uma exceção no caso de pagamento com dinheiro vivo. A preposição a ser usada é *in*: *Vorrei pagare in contanti*.

2. Vorrei pagare con _____.
   the debit card

4. Non ho _____.
   money

LIÇÃO 8 — Gramática

Più di (mais que) e *meno di* (menos que)

As expressões *più di* e *meno di* são usadas para fazer comparações. As preposições se unem aos artigos e formam novas palavras, da seguinte maneira: *di + il = del, di + lo = dello, di + l' = dell', di + la = della, di + i = dei, di + gli = degli, di + le = delle*. O uso na frase é muito semelhante ao português:

Marco ha più soldi di Paola.	Marco tem mais dinheiro que Paula.
Paola ha meno soldi di Marco.	Paula tem menos dinheiro que Marco.
La camicia costa più della cravatta.	A camisa custa mais que a gravata.
La cravatta costa meno della camicia.	A gravata custa menos que a camisa.

Atividade A

Observe as peças de roupa abaixo e diga qual custa mais e qual custa menos. Preencha os espaços com *più di* ou *meno di*.

1. Il vestito costa _____ camicia.
2. I pantaloni costano _____ maglione.
3. La camicia costa _____ vestito.
4. Il maglione costa _____ pantaloni.

€60 · €45 · €40 · €100

Pronomes indefinidos

Os pronomes indefinidos são usados quando se referem a um substantivo não definido. Há muitos outros pronomes indefinidos em italiano. Veja alguns deles:

qualcuno/qualcuna (m/f)
algum/alguma, alguém/uma pessoa

Exemplo Conosco qualcuno che vive in Canada.
Conheço uma pessoa que mora no Canadá.

qualcosa
algo/alguma coisa (acrescente *di* antes do adjetivo, que deve ficar sempre no masculino)

Exemplo Cerco qualcosa di speciale.
Procuro alguma coisa especial.

nessuno/nessuna (m/f)
ninguém, nenhum, nenhuma

Exemplo Nessuno di loro mangia carne.
Nenhum deles come carne.

niente, nulla
nada (acrescente *di* antes do adjetivo, que deve ficar sempre no masculino).

Exemplo In quel negozio non c'è niente di bello.
Naquela loja não há nada legal/de bonito.

Atividade B

Circule o pronome indefinido correto em cada frase.

1. **Qualcuno**   **Qualcosa**   vuole mangiare?
2. **Niente**   **Nessuno**   di loro studia italiano.
3. Di sera leggo   **qualcuno**   **qualcosa**.

> **DICA**
> Use a palavra *come* (como) quando comparar itens que têm o mesmo preço.
>
> *La camicia costa come i pantaloni.* (A camisa custa o mesmo que a calça/A camisa e a calça têm o mesmo preço).

Compras

Unidade 7 — Revisão

Atividade A
Como você aprendeu, os verbos reflexivos são usados quando a ação do sujeito recai sobre ele mesmo. Leia as frases e complete-as com o pronome reflexivo mais adequado.

1 _____ provo la camicia.

2 Giulia _____ veste con abiti firmati.

3 _____ vestiamo dello stesso colore.

4 _____ provi i pantaloni.

Desafio
Divertirsi (divertir-se) é um importante verbo reflexivo. Tente completar o quadro abaixo com a conjugação desse verbo. Observe o exemplo.

io	mi	
tu	ti	diverti
Lei	si	
lui/lei	si	
noi	ci	
voi	vi	
loro	si	

Atividade B
Conjugue o verbo *costare* (se precisar de ajuda, consulte a lição 6) e diga quais itens são mais ou menos caros. Escreva duas frases para cada par, uma com *più di* e outra com *meno di*.

1 €50 / €30

2 €10 / €60

3 €70 / €90

4 €15 / €20

Atividade C
Baseando-se nas imagens, complete a cruzadinha com a palavra correta em italiano. Lembre-se de incluir o artigo definido antes de todos os substantivos.

HORIZONTAL

1 (recibo Moda Italia)

3 (dinheiro/moedas)

6 (cheque Banca Italia)

7 (camisa)

VERTICAL

1 s (etiqueta)

2 (calças)

4 (lata de tinta)

5 (saia)

Atividade na internet
Acesse **www.berlitzbooks.com/5minute** para verificar uma seleção de lojas de roupa on-line em italiano. Examine o que cada site oferece, não se esquecendo de clicar na versão em italiano. Alguns sites podem ter diferentes páginas para *Uomo* ou *Donna*. Qual é a sua *camicia* favorita? Quais são as suas *pantaloni* favoritas?

Unidade 8 — Viagens e férias

Nesta unidade você aprenderá:
- a pedir informações sobre direções.
- a falar sobre localizações.
- a conversar sobre um itinerário.
- a usar o verbo irregular *andare* (ir).

LIÇÃO 1 — Dov'è la stazione?

Diálogo

Um casal de Milão está visitando Roma pela primeira vez. Eles estão tentando encontrar o caminho até o *Colosseo*. Ouça Giovanni e Barbara discutindo sobre onde ir.

Barbara Noi siamo qui, alla Stazione Termini. Come facciamo ad arrivare al Colosseo?

Giovanni Guarda la cartina. Il Colosseo è vicino a Via Cavour. Possiamo prendere l'autobus o la metropolitana.

Barbara Non è lontano. Andiamo a piedi!

Giovanni La fermata della metropolitana è davanti alla stazione.

Barbara No, è meglio camminare, così sappiamo dove sono le vie e le chiese. Voglio vedere i monumenti più importanti.

Giovanni Va bene. Andiamo!

DICAS

- O uso de *Andiamo!* é muito comum em italiano. Significa "Vamos!".
- Quando você quer fazer algo e precisa encorajar alguém para acompanhá-lo, use o verbo na primeira pessoa do plural (*noi*). Exemplo: *Chiediamo dove andare* (Vamos perguntar para onde ir) ou *Prendiamo una guida* (Vamos pegar um guia).

Atividade A

Observe as imagens abaixo. A partir delas, tente adivinhar o significado dos verbos que as acompanham, inserindo a tradução nas linhas.

arrivare _____

prendere _____

camminare _____

Atividade B

Responda às perguntas em italiano. Se você não conhecer alguma palavra, tente adivinhar seu significado pelo contexto do diálogo. Depois, confira o vocabulário na seção "Palavras úteis".

1. Onde Giovanni e Barbara estão? _____
2. Aonde eles querem ir? _____
3. Como eles podem chegar lá? _____
4. Por que Barbara quer caminhar? _____

LIÇÃO 2
Palavras úteis

Atividade A
Identifique cada construção, estação ou ponto com a palavra correta em italiano.

- biblioteca
- estação de metrô
- escola
- igreja
- estação de trem
- ponto de ônibus
- correio
- supermercado

Palavras essenciais

I luoghi (Lugares)

la banca	banco
la biblioteca	biblioteca
la chiesa	igreja
la fermata dell'autobus	ponto de ônibus
la stazione della metropolitana	estação de metrô
il monumento	monumento
la posta/l'ufficio postale	correio
la scuola	escola
la stazione (ferroviaria)	estação de trem
il supermercato	supermercado

La posizione (Localização)

a destra	à direita
a sinistra	à esquerda
all'angolo	na esquina
davanti (a)	em frente (a)
dietro	atrás
lontano (da)	longe (de)
tra/fra	entre
vicino (a)	perto (de)

Palavras extras

l'isolato	quarteirão/quadra
la piazza	praça

DICAS
- Note que com *vicino a, davanti a, lontano da*, as preposições *a* e *da* se unem ao artigo que acompanha o substantivo. Exemplos: *vicino alla chiesa* (perto da igreja), *lontano dall'ufficio postale* (longe do correio).
- Para indicar que alguma coisa está à direita ou à esquerda de algo, use a preposição *a*. La *biblioteca è a sinistra della scuola.* (A biblioteca fica à esquerda da escola).

DICA
A palavra para correio é *ufficio postale*. Contudo, é muito comum usar a palavra *posta*, que também significa correspondência: *Vado alla posta* (Vou ao correio). *Ho ricevuto molta posta* (Recebi muitas correspondências).

Atividade B
Circule a opção que descreve corretamente onde cada item está localizado.

1. La stazione della metropolitana è _____ della biblioteca.
   - **a** a destra
   - **b** a sinistra

2. La scuola è _____ stazione (ferroviaria).
   - **a** lontano dalla
   - **b** vicino alla

3. Il supermercato è _____ biblioteca.
   - **a** lontano dalla
   - **b** vicino alla

4. La fermata della metropolitana è _____ la biblioteca e la scuola.
   - **a** dietro
   - **b** fra

Unidade 8 — Viagens e férias

LIÇÃO 3 — Frases úteis

Frases essenciais

Come faccio ad arrivare a _____?
Dov'è _____?
Per andare a _____, prenda l'autobus numero _____.
Prendiamo una cartina!
Voglio prendere il treno/ l'autobus/la metropolitana.
La stazione (ferroviaria) è vicino alla scuola.

Como faço para chegar a _____?
Onde é/fica _____?
Para ir a _____, pegue o ônibus número _____.
Vamos pegar um mapa!
Quero pegar o trem/ o ônibus/o metrô.
A estação de trem é perto da escola.

Frases extras

Grazie/Molte grazie/ Grazie mille.
Prego.
Scusi.

Obrigado/Muito obrigado /Muitíssimo obrigado.
De nada.
Com licença.

Atividade A

Observe cada imagem. Crie frases em italiano dizendo que você quer pegar os meios de transporte mostrados em cada uma delas. Em seguida, pergunte onde você pode encontrar o ponto ou a estação.

1 _____

2 _____

3 _____

Atividade B

O que você diz quando quer…

1 perguntar onde fica a estação de trem?
  _____

2 perguntar como se chega à estação de metrô?
  _____

3 dizer a alguém que a estação de trem fica perto da escola?
  _____

4 dizer "vamos pegar um mapa"?
  _____

Atividade C

Você está dando algumas direções a um turista que quer ir à *piazza*. Para chegar lá, ele precisa ir até o ponto e pegar o ônibus número 9. Depois, para ir à igreja, ele precisa pegar o trem. Leia as perguntas e diga a ele o que fazer.

1 Come faccio ad arrivare a Piazza Garibaldi?
  _____

2 Come faccio ad arrivare alla chiesa?
  _____

Sua vez

Você quer ir ao ponto de ônibus. Em voz alta, pergunte onde ele fica e como chegar lá. Não se esqueça de utilizar tratamento formal!

Viagens e férias — Unidade 8

LIÇÃO 4 — Gramática

O verbo *andare* (ir)

O verbo *andare* é irregular. Veja abaixo sua conjugação no presente.

io	vado	eu vou
tu	vai	tu vais/você vai
Lei	va	tu vais/você vai (form.)
lui/lei	va	ele/ela vai
noi	andiamo	nós vamos
voi	andate	vós ides/vocês vão
loro	vanno	eles/elas vão

Exemplos

Vado in chiesa. Eu vou à igreja.
Andiamo al supermercato. Vamos ao supermercado.

Atividade A

Preencha os espaços com a conjugação correta do verbo *andare*.

1. Loro _____ in biblioteca.
2. Lei _____ alla fermata dell'autobus.
3. Noi _____ all'ufficio postale.
4. Tu _____ alla stazione.

Atividade B

Depois do verbo *andare*, na maioria dos casos você precisa da preposição *a*, que se une ao artigo que acompanha o substantivo. Exemplo: *Luca va all'ufficio postale* (Luca vai ao correio). Coloque a preposição correta nas frases a seguir.

1. Luisa va _____ ristorante.
2. Noi andiamo _____ stazione.
3. Loro vanno _____ ufficio postale.
4. Marco va _____ supermercato.
5. I bambini vanno _____ zoo.

DICA

Existem alguns casos em que não é necessário usar o artigo com as preposições *a* ou *in*:

Andare a casa/a scuola/a teatro (Ir para casa/à escola/ao teatro).

Andare in chiesa/in biblioteca/in banca (Ir à igreja/à biblioteca/ao banco).

Atividade C

A partir das imagens, elabore frases com o verbo *andare* para dizer aonde você acha que a(s) pessoa(s) está(ão) indo. Lembre-se de usar as contrações quando necessário.

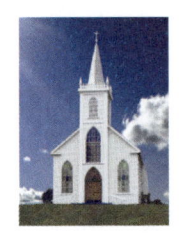

1. _____
2. _____
3. _____
4. _____

DICA CULTURAL

Se você está viajando entre as cidades da Itália, lembre-se de que as tarifas aéreas podem ser caras. Uma boa alternativa para fazer esse tipo de viagem entre as grandes cidades é o sistema ferroviário. É um meio fácil, confiável e rápido, e você pode até fazer algum amigo no caminho. Se você deseja viajar a uma grande velocidade e ir de Milão a Roma em apenas três horas e meia, procure pelos trens *Frecciarossa*, que são os mais rápidos e de última geração.

LIÇÃO 5
Arrivi e partenze

Chegadas e partidas

Leia o e-mail de Dario para Enrico com as informações sobre a viagem deles para Pisa. Depois, responda às perguntas abaixo.

```
Data:    martedì 26 agosto
Da:      Dario
A:       Enrico
Oggetto: Pisa
```

Ciao Enrico,
finalmente andiamo in vacanza! Andiamo a Pisa! Conosci Pisa? Io non la conosco. Ho i biglietti dell'aereo e la prenotazione dell'albergo. La mia valigia è già pronta.
Queste sono le informazioni: Il numero del volo è 611. Partiamo da New York alle 17:00 e arriviamo a Roma il giorno dopo alle 7:20. Poi partiamo alle 9:40 e arriviamo a Pisa alle 10:45. Dall'aeroporto prendiamo l'autobus fino all'albergo. Ci vediamo all'aeroporto.
A presto,
Dario

DICAS
- A preposição *da* equivale ao "de" do português. Quando sucedida de um artigo, ocorre a contração. Por exemplo: *Partiamo dall'aeroporto di New York* (Partimos do aeroporto de Nova York).
- *Fino* significa "até" ou "desde". *Prendo l'autobus fino all'albergo* (Pego o ônibus até o hotel).
- *Già*, que sempre vem depois do verbo, significa "já". *Ho già la valigia pronto* (Eu já tenho [estou com] a mala pronta).

Atividade A
Circule a resposta correta para cada questão.

1. Para onde Dario e Enrico vão em suas férias?
   a **Nova York**   b **Pisa**
2. Eles têm reserva em algum hotel?
   a **não**   b **sim**
3. A que horas o avião sai de Nova York?
   a **5 h**   b **17 h**
4. Como eles vão do aeroporto ao hotel?
   a **de ônibus**   b **de carro**

Atividade B
O itinerário do voo de Dario e Enrico mudou. Veja as novas informações abaixo e complete o e-mail de Dario.

Alitalia AZ611

Partida	Hora	Chegada	Hora
Nova York Aeroporto Internacional JFK	17h30	Roma, Aeroporto Fiumicino	8h
Roma, Aeroporto Fiumicino	9h40	Pisa, Aeroporto Galileo Galilei	10h45

```
Data:    mercoledì 27 agosto
Da:      Dario
A:       Enrico
Oggetto: Pisa
```

Ciao Enrico,
ho nuove informazioni sul volo del pomeriggio. L'aereo parte da New York alle _____. Arriviamo a Roma alle _____.

Viagens e férias   Unidade 8   77

LIÇÃO 6
Palavras úteis

Palavras essenciais

l'aereo	avião
l'aeroporto	aeroporto
i bagagli	bagagem
il biglietto	bilhete
il passaporto	passaporte
la vacanza	férias
la valigia	mala
il viaggio	viagem
il volo	voo
il volo diretto	voo direto

Palavras extras

l'albergo	hotel
la dogana	alfândega
la prenotazione	reserva
lo scalo	escala

DICA CULTURAL

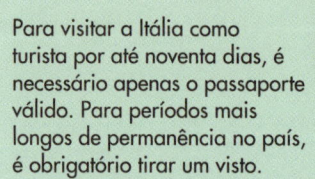

Para visitar a Itália como turista por até noventa dias, é necessário apenas o passaporte válido. Para períodos mais longos de permanência no país, é obrigatório tirar um visto.

DICA

Ferie é outra palavra para férias. Assim como no português, ela é sempre usada no plural. *Domani vado in ferie!* Amanhã saio de férias!

Atividade A
Trace uma linha para ligar cada palavra à sua imagem correspondente.

1 
2 
3 
4 
5

a il passaporto
b il biglietto
c l'aereo
d la valigia
e l'aeroporto

Atividade B
Circule a palavra correta entre as opções abaixo.

1 bagagem
    a i bagagli   **b** il passaporto   **c** valigia
2 voo
    a il volo   **b** dogana   **c** l'aereo
3 viagem
    a la vacanza   **b** il viaggio   **c** il biglietto
4 férias
    a il viaggio   **b** la vacanza   **c** il volo

LIÇÃO 7 — Frases úteis

Frases essenciais

Quando parte il prossimo volo per Pisa	Quando parte o próximo voo para Pisa?
Il volo parte a/all'/alle ____.	O voo parte à(s) ____.
Il volo arriva a/all'/alle ____.	O voo chega à(s) ____.
È un volo diretto o bisogna fare scalo?	É um voo direto ou é preciso fazer escala?
Qual è l'uscita?	Qual é o portão de embarque/desembarque?
Quanto costa il biglietto?	Quanto custa a passagem/bilhete?
Il volo costa 500 euro andata e ritorno.	O voo custa 500 euros ida e volta.

Frases extras

A presto!	Até logo!
Ci vediamo all'aeroporto/in albergo!	Nos vemos no aeroporto/no hotel!
Finalmente!	Finalmente!/Até que enfim!

Atividade A

O que você diz quando quer…

1 comunicar a seu(sua) amigo(a) que o seu voo parte às 12h30?

_____

2 perguntar onde fica o portão de embarque?

_____

3 perguntar quanto custa a passagem?

_____

4 comunicar a seu(sua) amigo(a) que você o(a) encontrará no hotel?

_____

Atividade B

Armando está procurando o próximo voo disponível para Roma. Ele se dirige ao guichê e faz algumas perguntas ao atendente. Circule as respostas corretas para as perguntas de Armando.

1 Quando parte il prossimo volo per Roma?
   a Il volo parte alle otto.
   b Il volo arriva alle dieci.

2 È un volo diretto o bisogna fare scalo?
   a Il volo è diretto.
   b Il volo arriva domani.

3 Quanto costa il biglietto?
   a Il volo arriva alle quattordici.
   b Il biglietto costa 500 euro.

Atividade C

Observe o painel de partidas abaixo e responda às perguntas.

Ora	Destinazione	Volo
PARTENZE		
16:15	Roma	AZ5258
16:35	Milano	AZ5259
17:00	Catania	AZ448058
17:00	Venezia	AZ7250
17:20	Pisa	AZ7251
17:25	Napoli	AZ4432

1 A che ora parte il prossimo volo per Roma?
_____

2 Che volo parte alle 17:00?
_____

Sua vez

Você trabalha na Alitalia e tem de anunciar o próximo voo para Milão: voo 1699, com partida às 10h23 e chegada às 13h30. Use o vocabulário e as frases que você aprendeu para anunciar essas informações sobre o voo.

DICA

Se você quer comprar uma passagem de ida e volta, deverá pedir *un biglietto andata e ritorno*. *Sola andata* é uma passagem só de ida.

LIÇÃO 8 — Gramática

Os verbos *conoscere* (conhecer) e *sapere* (saber)

Conoscere é um verbo regular e *sapere*, irregular. Veja abaixo a conjugação do verbo *sapere*.

io	so
tu	sai
Lei	sa
lui/lei	sa
noi	sappiamo
voi	sapete
loro	sanno

Exemplos

Conosco Laura.	Eu conheço Laura.
Loro conoscono l'Italia.	Eles conhecem a Itália.
Io so parlare italiano.	Eu sei falar italiano.
Loro sanno che ora è.	Eles sabem que hora é.

DICA
Use a frase *Lo so!* para "Eu sei!". Exemplo: *Sai che parto domani per Roma? Lo so.* (Sabia que eu parto amanhã para Roma? Eu sei.)

Atividade A
Complete as frases com *conoscere* ou *sapere*.

1. Carlo _____ giocare a calcio.
2. Noi _____ la Svizzera.
3. Loro _____ dov'è il ristorante.
4. Io non _____ l'Italia.
5. Tu _____ parlare tre lingue.
6. Maria _____ bene Piero.

Pronomes oblíquos

mi	me
ti	te, você
La	o/a
lo	o
la	a
ci	nos
vi	vos/vocês
li	os
le	as

Exemplos

Luigi mi conosce.	Luigi me conhece.
Io lo studio.	Eu o estudo. (ou Eu estudo isso.)
Ti conosco.	Eu te conheço. (ou Eu conheço você.)

Atividade B
Altere as frases, trocando os substantivos pelo pronome oblíquo correspondente.

1. Io mangio la pasta. _____
2. Lei studia italiano. _____
3. Tu conosci le persone. _____
4. Loro prendono i biglietti. _____

Sua vez
Você os conhece? Observe as imagens abaixo e elabore frases usando o verbo *conoscere* para indicar se você conhece ou não cada pessoa, lugar ou animal. Não se esqueça de usar os pronomes oblíquos.

1 _____ 2 _____

3 _____ 4 _____

Unidade 8 — Revisão

Atividade A
Leia o cartão-postal que Mario enviou durante sua viagem a Veneza. Ele não conjugou os verbos *andare* e *sapere* corretamente. Tache os erros e reescreva os verbos da maneira correta.

> Cara Carla,
> Sono a Venezia con mia madre.
> Domani vai a Verona. So dov'è
> Verona? Verona è molto bella. Mia
> madre la conosce bene. Poi andate a
> Roma sabato.
> Un abbraccio,
> Mario

Atividade B
Preencha os espaços e veja os planos de Sara para sua viagem a Milão.

Il mio viaggio a Milano

_____ a Milano. _____ otto di
   Eu vou   *meu voo sai às*
mattina. Arrivo _____ alle sei.
                 ao aeroporto
È molto presto! Ho già il _____,
                            bilhete
_____ e _____. Arrivo a Milano alle
 bagagem   *passaporte*
ventidue e cerco _____ per andare in
                  uma estação de trem
albergo. L'albergo è _____ teatro alla
                       perto do
Scala. Io lo conosco. È anche _____.
                               atrás de uma igreja
Domani, _____ per andare
         quero pegar o metrô
a vedere il Duomo. Ho bisogno di un biglietto della metropolitana.

Atividade C
Alfonso e Stefania estão na Itália e procuram um correio. Complete o diálogo com as palavras e frases corretas em italiano.

Alfonso _____ l'ufficio postale?
            Onde é

Stefania _____ una cartina!
             Vamos pegar

Alfonso Guarda la cartina. L'ufficio postale è _____.
            à direita da biblioteca

Stefania Sì, è anche _____.
             atrás do supermercado

Alfonso Questa è _____.
            o ponto de ônibus

Stefania Ecco l'autobus. _____ prendiamo?
             o (pronome)

Desafio
Como você sabe, *sapere* é um verbo irregular. Você se lembra da conjugação desse verbo? Você consegue completar as linhas abaixo?

io _____
tu _____
Lei _____
lui/lei _____
noi _____
voi _____
loro _____

Atividade na internet
Acesse **www.berlitzbooks.com/5minute** e procure o site do sistema ferroviário italiano. Imagine que você esteja em Milão e deseje ir a Roma. Escolha entre uma passagem só de ida (*andata*) ou de ida e volta (*andata e ritorno*). Escreva *Milano* no campo *Da* e *Roma* no campo *A*. Escolha as datas e horários: *giorno, mese, anno, ora*, quantidade de adultos (*adulti*) e jovens (*ragazzi*) e depois clique em *cerca* (busca). Você conseguirá ver os itinerários e a quantia (*importo*) a ser paga.

Viagens e férias

Unidade 9 — Profissões

Nesta unidade você aprenderá:
- a descrever profissões e a comparar trabalhos diferentes.
- a ler um formulário de emprego em italiano.
- a conjugar os verbos regulares no passado com o auxiliar *avere*. e aprender alguns particípios passados irregulares mais comuns.
- expressões de tempo usando *da* e *per*.

LIÇÃO 1 — Un colloquio di lavoro

DICA

A preposição *di* (de) pode ser usada com o verbo *parlare* quando se quer falar sobre o tópico ou tema de um livro, filme ou artigo. Exemplo: *L'articolo parla di economia* (O artigo fala de economia). Quando o substantivo é seguido por um adjetivo, use o artigo definido contraído com *di*: *L'articolo parla dell'economia italiana* (O artigo fala da economia italiana).

A contração da preposição *su* (sobre) + artigo é usada para indicar algo sobre o qual você leu ou escreveu: *Ho letto un libro sull'Italia* (Li um livro sobre a Itália).

Diálogo

Claudia está em uma entrevista de emprego para o *La Repubblica*, um famoso jornal. Ouça as perguntas do empregador sobre o trabalho e as atividades desenvolvidas por Claudia em seu trabalho anterior.

Datore di lavoro Dove ha lavorato?
Claudia Ho lavorato per il giornale *La Stampa*.
Datore di lavoro Ha scritto articoli per questo giornale?
Claudia Ho scritto vari articoli.
Datore di lavoro Su quali argomenti?
Claudia Sulla cultura italiana. Questi sono gli articoli.
Datore di lavoro Questi articoli sono molto buoni! È assunta.
Claudia Grazie mille! Quando inizio?
Datore di lavoro Lunedì prossimo. Ci vediamo lunedì alle otto e mezzo.

Atividade A
Circule a resposta correta.

1. Onde Claudia trabalhou antes?
   a **rivista**   b **giornale**

2. O que Claudia fazia em seu emprego anterior?
   a **ha insegnato**   b **ha scritto**

3. O que Claudia mostra ao entrevistador?
   a **articoli**   b **foto**

4. Claudia consegue o emprego?
   a **sì**   b **no**

Atividade B
Escolha uma palavra do quadro para completar cada frase.

ha scritto	cultura	inizia	ha lavorato

1. Claudia _____ per un giornale.
2. Claudia _____ articoli per un giornale.
3. Ha scritto articoli sulla _____.
4. Claudia _____ lunedì alle otto e mezzo.

LIÇÃO 2 — Palavras úteis

Palavras essenciais

la classe	sala de aula
il giornale	jornal
il giornalista/la giornalista	o/a jornalista
la lezione	aula
la professione	profissão
il professore/la professoressa	o(a) professor(a)
lo studente/la studentessa	o(a) estudante
la rivista	revista
l'ufficio	escritório, sala

Palavras extras

l'articolo	artigo
il datore di lavoro	empregador

DICA

Palavras terminadas em –ista, como *dentista*, *giornalista*, *regista* (diretor), podem ser tanto masculinas quanto femininas. Para diferenciar o gênero, é necessário verificar todo o contexto em que a palavra foi empregada.

DICA CULTURAL

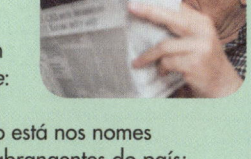

Alguns jornais na Itália (especialmente os regionais) têm em seu nome a palavra *giornale*: *Il Giornale di Sicilia*, *Il Giornale di Sardegna*. Entretanto, ela não está nos nomes dos jornais mais importantes e abrangentes do país: *La Repubblica*, *Il Corriere della Sera*, *La Stampa*. A palavra *telegiornale* é usada para os jornais televisivos.

Atividade A

Complete a página do diário com as palavras corretas em italiano.

Caro diario,

Sono in una _____ (sala de aula).

_____ (O professor) sta parlando di un articolo sul giornale. Ci sono molti _____ (estudantes) nella mia classe. Non voglio stare qui. Vorrei essere una _____ (jornalista) per una _____ (revista).

Non mi piace essere una _____ (estudante).

Atividade B

Complete as legendas de cada foto com as palavras e artigos corretos em italiano.

Foto 1: a ___, b ___, c ___

Foto 2 (La Repubblica): a ___, b ___, c ___

Profissões — Unidade 9

LIÇÃO 3 — Frases úteis

Frases essenciais

Qual è la sua professione?	Qual é a sua profissão?
Faccio il/la giornalista.	Sou jornalista.
Faccio il professore/la professoressa.	Sou professor/professora.
Che cosa vuole fare?	O que você quer fazer?
Voglio fare il professore/la professoressa.	Quero ser professor/professora.

Frases extras

Ci vediamo lunedì.	Nos vemos na segunda-feira.
È assunto/assunta.	Está contratado/contratada.

Atividade A

Qual è la sua professione? Observe as fotos e diga qual é a profissão de cada pessoa.

1 Faccio _____
2 Faccio _____ 

Che cosa vuole fare? Agora, veja essas outras fotos e diga o que cada pessoa quer ser.

3 _____
4 _____ 

Atividade B

O que você diz quando quer…

1 perguntar a alguém o que ele(a) quer ser?
   _____

2 dizer que você quer ser professor?
   _____

3 perguntar qual é a profissão de uma pessoa?
   _____

4 dizer que você é jornalista?
   _____

Sua vez

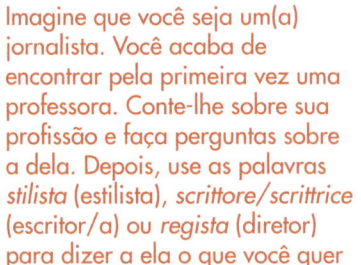

Imagine que você seja um(a) jornalista. Você acaba de encontrar pela primeira vez uma professora. Conte-lhe sobre sua profissão e faça perguntas sobre a dela. Depois, use as palavras *stilista* (estilista), *scrittore/scrittrice* (escritor/a) ou *regista* (diretor) para dizer a ela o que você quer ser. Escreva as suas perguntas para praticar mais a escrita em italiano.

_____
_____
_____
_____
_____
_____
_____
_____
_____
_____

Unidade 9 — Profissões

LIÇÃO 4
Gramática

> **DICA**
>
> Você se lembra dos verbos *sapere* e *conoscere*, vistos na Unidade 8? No *passato prossimo*, assim como no português, *sapere* também pode significar "descobrir", e *conoscere*, "encontrar":
>
> *Ho saputo che Luca è svizzero.* Descobri que Luca é suíço.
>
> *Ho conosciuto molte persone alla festa.* Encontrei/conheci muitas pessoas na festa.

O Pretérito Perfeito com o particípio passado regular

Para formar o Pretérito Perfeito – ou *passato prossimo* –, use o presente do verbo *avere*...

io	ho
tu	hai
Lei	ha
lui/lei	ha
noi	abbiamo
voi	avete
loro	hanno

... antes do particípio passado.

Particípio passado dos verbos regulares em –are

Para formar esse particípio, substitua a terminação *–are* por *–ato*, por exemplo: *Io ho lavorato.* Eu trabalhei. *Tu hai lavorato.* Você trabalhou.

Particípio passado dos verbos regulares em –ere

Para formar esse particípio, substitua a terminação *–ere* por *–uto*, por exemplo: *Lui ha venduto.* Ele vendeu. *Noi abbiamo venduto.* Nós vendemos.

Particípio passado dos verbos regulares em –ire

Para formar esse particípio, substitua a terminação *–ire* por *–ito*, por exemplo: *Voi avete spedito.* Você enviou. *Loro hanno spedito.* Eles enviaram.

> **DICA**
>
> O *passato prossimo* equivale ao Pretérito Perfeito em português. Diferentemente da nossa língua, ele é formado por dois verbos (*avere* + particípio do verbo principal). Na Unidade 10, você aprenderá o *passato prossimo* que é composto pelo verbo *essere* + particípio.

Atividade A

Complete as frases com os verbos no *passato prossimo*.

1. Tu _____ otto ore ieri (ontem).
   lavorare

2. Noi _____ molti libri il mese scorso (mês passado).
   vendere

3. L'anno scorso (ano passado), io _____ molte cartoline.
   spedire

4. Loro _____ la settimana scorsa (semana passada).
   lavorare

Atividade B

Reescreva as frases a seguir no *passato prossimo*.

1. Io lavoro in un ufficio.
   _____

2. Tu vendi i vestiti.
   _____

3. Lei mangia il pollo.
   _____

4. Voi finite i compiti.
   _____

5. Mary impara l'italiano.
   _____

6. Noi spediamo molte cartoline dall'Italia.
   _____

Profissões

LIÇÃO 5
Modulo di assunzione

Um formulário de emprego

Giorgio está se candidatando a *un posto di correttore di bozze* (revisor de textos) no *La Stampa*. *Un giorno* (um dia) ele quer ser jornalista. Veja o *modulo di assunzione* (formulário de emprego) dele.

Modulo di assunzione
La Stampa

Giorgio · Mariani · Milano · 10/05/1984
Nome · Cognome · Nato a · Data di nascita (GG/MM/AAAA)

Firenze · Via Leopardi 12 · 50121
Residenza · Via e numero civico di residenza · CAP

055 674532 · gmariani@alice.it
Telefono · E-Mail

TITOLO DI STUDIO/UNIVERSITÀ/ANNO
Laurea in Giornalismo,
Università Statale di Milano, 2007

PRECEDENTI IMPIEGHI | **DA** | **A**
Impiegato, Banca Nazionale | 2007 | 2008
Assistente editoriale per La Nazione | 2008 | 2009

Perché desidera questo posto?
Perché un giorno voglio fare il giornalista. Come assistente editoriale ho imparato molto e ho scritto anche qualche articolo.

DICA

Para ajudá-lo a entender um texto ou uma conversa:
- Lembre-se de que há muitos cognatos (mas também muitos falsos cognatos!) entre o italiano e o português. Por terem a mesma raiz latina, muitas palavras são semelhantes. Por exemplo: *assistente, editoriale, residenza, articolo*.
- Se não conhece alguma palavra, preste atenção à sua raiz. Desse modo você pode, muitas vezes, descobrir o seu significado: **giornal**ismo → *giornale*; **lavor**o → *lavorare*.

Atividade A

Complete as frases com informações do formulário.

1. Giorgio está se candidatando ao cargo de _____ _____.
2. Ele se formou na Universidade de Milão em _____.
3. Seu primeiro trabalho foi no(a) _____.
4. Em seu trabalho anterior ele também escreveu _____.

Sua vez

O particípio passado do verbo *scrivere* é irregular. Você consegue localizá-lo no formulário ao lado?

_____

DICA

Perché é usado tanto para perguntas quanto para respostas. Exemplo: *Perché desidera lavorare qui?* (Por que você quer trabalhar aqui?) *Voglio lavorare qui perché mi interessa la storia* (Quero trabalhar aqui porque tenho interesse em história).

Unidade 9 — Profissões

LIÇÃO 6
Palavras úteis

Palavras essenciais

l'assistente	assistente
il capoufficio/la capoufficio	chefe de repartição
l'impiegato/l'impiegata	funcionário/funcionária
il lavoro	trabalho
il segretario/la segretaria	secretário/secretária
lo stipendio	salário

Palavras extras

gli affari	negócios
l'azienda	empresa
difficile	difícil
facile	fácil
molto	muito

Atividade A
Circule a palavra que melhor responde às perguntas.

1. Que palavra não é um tipo de trabalho?
   a assistente **b** impiegato **c** stipendio
2. Que palavra não muda sua terminação no feminino?
   a assistente **b** impiegato **c** segretario
3. Que pessoa supervisiona o escritório?
   a segretario **b** capoufficio **c** impiegato
4. Como você chama o dinheiro que recebe por seu trabalho?
   a impiegato **b** stipendio **c** lavoro

Atividade B
Complete a cruzadinha com as "palavras essenciais".

Horizontal
5. Una persona che aiuta (ajuda).
6. Questa persona organizza le cose in ufficio. (m)

Vertical
1. I soldi per il mio lavoro.
2. Questa persona lavora in ufficio. (m)
3. Sono giornalista. È il mio _____.
4. Lavora per me. È il mio _____.

Sua vez
Imagine que você tem uma *azienda*. Faça uma lista de pessoas que você precisará contratar. Quantos *impiegati* serão? Quantos serão *assistenti* e *segretari*? Qual será o *stipendio* de cada *impiegato*?

Profissões — Unidade 9

LIÇÃO 7
Frases úteis

Frases essenciais

Perché desidera questo posto?	Por que você quer esse cargo?
Perché voglio fare il giornalista.	Porque quero ser jornalista.
Mi piace aiutare.	Gosto de ajudar.
Mi piace scrivere.	Gosto de escrever.
Per quanto tempo ha lavorato là?	Por quanto tempo você trabalhou lá?
Ho lavorato là per tre mesi.	Trabalhei lá por três meses.
è più facile di	é mais fácil que
è più difficile di	é mais difícil que

Frases extras

è pagato di più	é pago mais
è pagato di meno	é pago menos

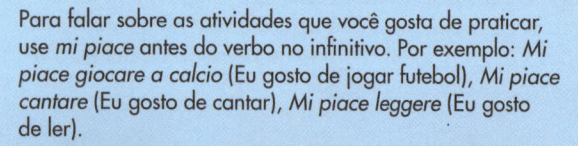

DICA
Para falar sobre as atividades que você gosta de praticar, use *mi piace* antes do verbo no infinitivo. Por exemplo: *Mi piace giocare a calcio* (Eu gosto de jogar futebol), *Mi piace cantare* (Eu gosto de cantar), *Mi piace leggere* (Eu gosto de ler).

Atividade A

ingegnere	engenheiro
avvocato	advogado
costruttore	construtor

O que você acha dessas profissões? Escreva *più facile* ou *più difficile* para comparar os tipos de trabalho.

1 Il lavoro del dottore è _____ del lavoro del dentista.

2 Il lavoro del professore è _____ del lavoro dell'ingegnere.

3 Il lavoro del giornalista è _____ del lavoro dell'avvocato.

4 Il lavoro del costruttore è _____ del lavoro dello stilista.

Atividade B
O que você diz quando quer...

1 perguntar a uma pessoa por que ela quer ser jornalista?

_____

_____

2 falar que você gosta de ajudar?

_____

_____

3 perguntar a uma pessoa quanto tempo ela trabalhou em determinado lugar?

_____

_____

4 informar que você trabalhou em algum lugar por dois anos?

_____

_____

LIÇÃO 8
Gramática

DICA DE PRONÚNCIA
Em italiano, as consoantes duplas são pronunciadas com mais ênfase e duração: *fatto, scritto, letto* etc. A pronúncia correta nesse caso é muito importante, uma vez que algumas palavras com consoantes duplas têm um significado diferente das palavras que têm quase a mesma grafia, porém sem consoantes duplas. Exemplos: *sete* = sede / *sette* = sete; *capello* = cabelo / *cappello* = chapéu.

Particípio passado irregular de verbos conjugados com *avere*

Alguns verbos têm o particípio passado irregular. Eles devem ser memorizados. Veja abaixo uma lista com os mais comuns deles:

aprire	(ho) aperto	aberto
bere	(ho) bevuto	bebido
chiudere	(ho) chiuso	fechado
dire	(ho) detto	dito
fare	(ho) fatto	feito
leggere	(ho) letto	lido
prendere	(ho) preso	pego/pegado
rispondere	(ho) risposto	respondido
scrivere	(ho) scritto	escrito
vedere	(ho) visto	visto

Exemplos:
Luisa ha fatto i compiti.   Luisa fez as lições.
Ho aperto la porta.   Abri a porta.
Abbiamo scritto una lettera.   Escrevemos uma carta.

Atividade A
Selecione os verbos mais adequados para completar as frases abaixo, conjugando-os no *passato prossimo*.

aprire	chiudere	fare	vedere	bere	scrivere
rispondere	prendere	leggere	dire		

1 Io _____ un bel film.
2 Noi _____ molti libri.
3 Ieri Laura _____ un bicchiere di vino rosso.
4 Loro _____ qualche lettera.
5 Tu _____ i compiti.

O uso de *Da* e *Per* com expressões de tempo

Para falar por quanto tempo alguma atividade foi feita, use o *passato prossimo* com a preposição *per*. A pergunta seria: *Per quanto tempo?* (Por quanto tempo?). Exemplo: *Per quanto tempo ha lavorato come impiegato? Ho lavorato come impiegato per tre anni.*

Se a atividade que foi iniciada no passado continua sendo realizada, use o presente com *da*. A pergunta seria: *Da quanto tempo?* Há quanto tempo?. Exemplo: *Da quanto tempo studia l'inglese? Studio l'inglese da cinque anni.*

Atividade B
Para cada uma das frases abaixo, diga se a ação está *conclusa* (concluída) ou *non conclusa*.

1 Ho studiato tedesco per due mesi.
   _____

2 Faccio l'ingegnere da 10 anni.
   _____

3 Ieri ho giocato a calcio per 2 ore.
   _____

4 Suono il piano dalle dieci.
   _____

Sua vez
Você consegue dizer há quanto tempo vem estudando italiano?
_____
_____
_____
_____
_____

Profissões — Unidade 9

Unidade 9 — Revisão

Atividade A
Complete a cruzadinha abaixo. Se a resposta for um substantivo, não se esqueça de incluir o artigo definido.

HORIZONTAL
2 professora
4 revista
5 salário

VERTICAL
1 secretaria
2 estudante
3 chefe de departamento

Atividade B
Observe nas respostas quem é o sujeito de cada frase e, então, complete as perguntas e as respostas usando os verbos no pretérito perfeito.

1 Quando (lavorare) _____?
   Noi _____ ieri.

2 Quando (leggere) _____ il libro?
   Io _____ il libro il mese scorso.

3 Perché non (mangiare) _____ la pasta?
   Lei non _____ la pasta perché non le piace.

Atividade C
Complete as frases a seguir com os particípios irregulares.

1 Io ho (aprire) _____ la porta.
2 Laura ha (rispondere) _____ al telefono.
3 Loro hanno (dire) _____ la verità.
4 Carlo ha (prendere) _____ il treno per Bologna.
5 Voi avete (vedere) _____ un film italiano.

Atividade D
As frases abaixo estão erradas. Reescreva-as corretamente.

1 Che cosa avete mangiato domani?
   _____

2 Studio l'italiano per due anni.
   _____

3 L'anno scorso scrivo un articolo per *La Repubblica*.
   _____

4 Io e Laura ho fatto molte cose.
   _____

Desafio
Você consegue dizer quais são os cognatos dessas duas profissões?

poliziotto _____

architetto _____

Atividade na internet
Acesse **www.berlitzbooks.com/5minute** para verificar uma seleção de mecanismos de busca de empregos em italiano. Quantas vagas para *impiegato* você consegue encontrar? E *segretari* e *avvocati*? Quais são os requisitos (*requisiti*) para cada cargo?

Unidade 10 **Em casa/Saindo para passear**

Nesta unidade você aprenderá:
- a conversar sobre coisas para fazer em casa ou em um apartamento.
- a usar o imperativo para dar ordens e instruções.
- a usar expressões para sair à noite.
- a usar vocabulário sobre lugares.
- o pretérito dos verbos com o auxiliar *essere*.

LIÇÃO 1

Aiutami!

O e-mail de Elisa

Elisa está escrevendo um e-mail para seu irmão Matteo. Ela está pedindo a ajuda dele para limpar seu apartamento (note que, como são irmãos, o tratamento entre eles é informal.)

```
Data:      martedì 26 agosto
Da:        Elisa
A:         Matteo
Oggetto:   Aiutami!

Ciao Matteo,
puoi aiutarmi a pulire il mio
appartamento? Papà e mamma arrivano
domani e l'appartamento è un po' in
disordine. Voglio spolverare, prendere
le cose da terra e sistemare i vestiti
nell'armadio. Poi voglio pulire le
stanze e imbiancare la mia camera da
letto. Come puoi aiutarmi? Tu spolveri
e io sistemo l'armadio. Poi, puliamo e
imbianchiamo insieme.
Aiutami per favore!
Un abbraccio,
Elisa
```

in disordine	bagunçado	da terra	do chão
pulire	limpar	imbiancare	pintar
prendere	pegar/recolher	spolverare	tirar o pó
Non ti preoccupare!	Não se preocupe!	insieme	junto

Atividade A

Circule a resposta correta.

1. Com o que Elisa precisa de ajuda?
   a com sua casa **b** com seu apartamento

2. Quem vai visitar Elisa no dia seguinte?
   a seus pais **b** seus tios

3. O que Elisa pede a Matteo?
   a organizar seu guarda-roupas **b** tirar o pó

4. O que Elisa sugere que eles façam juntos?
   a organizar seu guarda-roupas **b** pintar

Atividade B

Leia a resposta de Matteo. Depois, responda em italiano às perguntas.

```
Data:      martedì 26 agosto
Da:        Matteo
A:         Elisa
Oggetto:   Re: Aiutami!

Ciao Elisa,
sì, posso aiutarti. Però non voglio
spolverare. Tu spolveri e io sistemo
l'armadio. Poi, puliamo e imbianchiamo
insieme.
Non ti preoccupare! Ti aiuto.
A presto,
Matteo
```

1. Matteo vai ajudar Elisa?
   _____

2. O que Matteo não quer fazer?
   _____

3. O que Matteo quer fazer?
   _____

4. Qual tarefa Matteo quer fazer com Elisa?
   _____

Em casa/Saindo para passear **Unidade 10** 91

LIÇÃO 2
Palavras úteis

Palavras essenciais

l'appartamento	apartamento
l'armadio	armário/guarda-roupa
il bagno	banheiro
la camera/stanza	cômodo/quarto/sala
la camera da letto	quarta de dormir
la cucina	cozinha
la sala da pranzo	sala de jantar
il soggiorno	sala de estar

Palavras extras

la finestra	janela
il giardino	jardim
il pavimento	piso/chão
le scale	escadas

Atividade A
Complete os espaços com as palavras corretas em italiano. Para as partes do diálogo em primeira pessoa, responda de acordo com sua situação.

Amico Abiti in una casa o in _____ ?
_{um apartamento}

Io Abito in _____ .

Amico Quante _____ ci sono?
_{cômodos}

Io Ci sono _____ .

Amico Quali sono _____ più grandi?
_{os cômodos}

Io Le camere più grandi sono _____

_____ .

Atividade B
Observe as fotos. Depois, escolha a palavra correta do quadro abaixo para nomear cada imagem.

il bagno	la camera da letto	il soggiorno
la cucina	la sala da pranzo	l'armadio

1  _____   2 _____

3  _____   4 _____

5  _____   6 _____

DICA 
O plural de *armadio* é *armadi*.
Os guarda-roupas embutidos são chamados de *armadi a muro*.

DICA CULTURAL 
Em um edifício, *pianterreno* significa o andar térreo. Os demais andares são: *primo piano* (primeiro andar), *secondo piano* (segundo andar) etc.

LIÇÃO 3
Frases úteis

Frases essenciais

Puoi aiutarmi?	Você pode me ajudar?
Sì, posso aiutarti.	Sim, eu posso ajudá-lo(a).
No, non posso aiutarti.	Não, não posso ajudá-lo(a).
Cosa vuoi che faccia?	O que você quer que eu faça?
Subito.	Imediatamente/Já/Agora mesmo.

Frases extras

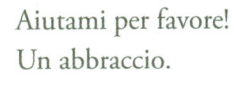

Aiutami per favore!	Ajude-me, por favor!
Un abbraccio.	Um abraço.

DICA

Você notou que o pronome informal *tu* foi usado nas frases acima? Isso aconteceu porque essas frases vêm do diálogo entre irmãos da lição 1 desta unidade. Lembre-se de usar o pronome formal *Lei* quando falar com pessoas que não são muito próximas, ou seja, que não sejam crianças, seus familiares ou amigos.

Atividade A

O que você diz quando quer...

1. pedir que alguém o ajude?
   _____

2. dizer que você não pode ajudar alguém?
   _____

3. perguntar a alguém o que ele(a) deseja que você faça?
   _____

4. dizer "imediatamente"?
   _____

Atividade B

Coloque o diálogo na ordem correta. Enumere as frases de 1 a 4.

Sì, posso aiutarti. Cosa vuoi che faccia? #

Sistema i vestiti! #

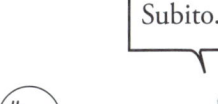

Subito. #

Puoi aiutarmi? #

Em casa/Saindo para passear — Unidade 10

LIÇÃO 4 — Gramática

Imperativo

Assim como em português, o imperativo em italiano é usado para dar uma ordem. Veja abaixo alguns verbos em *–are*, *–ere* e *–ire* mais comuns usados no imperativo.

aiutare	ajudar
(tu) Aiuta!	Ajuda (tu)!/Ajude (você)!
(Lei) Aiuti!	Ajude!
(noi) Aiutiamo!	Ajudemos!
(voi) Aiutate!	Ajudai! (vós)/Ajudem! (vocês)

prendere	pegar
(tu) Prendi!	Pega (tu)!/Pegue (você)!
(Lei) Prenda!	Pegue!
(noi) Prendiamo!	Peguemos!
(voi) Prendete!	Pegai (vós)!/Peguem (vocês)!

pulire	limpar
(tu) Pulisci!	Limpa (tu)!/Limpe (você)!
(Lei) Pulisca!	Limpe!
(noi) Puliamo!	Limpemos!
(voi) Pulite!	Limpai (vós)!/Limpem (vocês)!

DICA

Note que as formas do imperativo de *tu* (exceto nos verbos em *–are*), *noi* e *voi* são as mesmas do presente. A forma para *Lei* é diferente.

Atividade A

Paola precisa arrumar sua casa e para isso pede a ajuda de sua família. Escreva as ordens que Paola deu a cada um usando os verbos e os substantivos abaixo.

_____   _____   _____
(1) imbiancare/ la stanza   (2) sistemare/ l'armadio   (3) pulire/ il pavimento

O verbo *potere* (poder)

O verbo *potere* é irregular. Veja abaixo sua conjugação no presente. Lembre-se de que *potere* geralmente é seguido por outro verbo no infinitivo.

io	posso	eu posso
tu	puoi	tu podes/você pode
Lei	può	tu podes/você pode (form.)
lui/lei	può	ele/ela pode
noi	possiamo	nós podemos
voi	potete	vós podeis/vocês podem
loro	possono	eles/elas podem

Atividade B

Paola usa o imperativo para conseguir que as coisas sejam feitas. Agora use *potere* para tornar as ordens mais polidas.

1 _____ imbiancare la stanza?
2 _____ sistemare l'armadio?
3 _____ pulire il pavimento?

LIÇÃO 5
Dove sei stato?

DICAS
- *È stata* (foi), *siamo stati* (fomos), *siamo andate* (nós fomos), *sono andate* (eu fui) são formas do passado de *andare* e *essere*. Notou o verbo auxiliar *essere*? Você vai aprender mais dessas conjugações na lição 8.
- *Ci siamo divertiti* é o passado do verbo reflexivo *divertirsi*. Lembre-se de que os verbos reflexivos sempre usam *essere* para formar o passado.

Registro diário
Leia a página do diário de Silvana que fala sobre onde ela foi esta semana.

> Caro diario,
>
> questa è stata una bella settimana. L'altro ieri io e i miei amici siamo stati a un concerto di musica rock. Ci siamo divertiti molto. Ieri io e mia madre siamo andate a comprare dei vestiti. Poi sono andata in discoteca con il mio ragazzo e abbiamo ballato tutta la notte. Voglio andare a ballare di nuovo molto presto.

ci siamo divertiti	nós nos divertimos
tutta la notte	toda a noite
di nuovo	de novo
molto presto	em breve

Atividade A
Circule a resposta correta.

1 O que Silvana fez anteontem?
   a Ela foi a um show.   **b** Ela foi a uma danceteria.

2 O que Sivana fez ontem?
   a Ela foi a um show.   **b** Ela foi a uma loja.

3 O que Silvana fez na noite passada?
   a Ela foi a uma danceteria.   **b** Ela foi a um show.

4 O que Silvana quer fazer novamente?
   a comprar roupas   **b** dançar

Atividade B
Responda em italiano às perguntas.

1 Como tem sido a semana de Silvana?
   _____

2 Onde Silvana e seus amigos estiveram anteontem?
   _____

3 Onde Silvana foi ontem?
   _____

4 Com quem ela foi?
   _____

Atividade C
Escreva em italiano o que Silvana fez a cada dia.

1 l'altro ieri
   _____

2 ieri
   _____

3 ieri sera
   _____

DICA CULTURAL
A palavra *notte* é usada apenas entre meia-noite e três da manhã. Use *sera* entre 19 h e 23 h.

Em casa/Saindo para passear — Unidade 10

LIÇÃO 6
Palavras úteis

Palavras essenciais

ieri	ontem
ieri sera	ontem à noite/noite passada
l'altro ieri	anteontem
la settimana scorsa	semana passada
ballare	dançar
il cinema	cinema
il concerto	show
la discoteca	discoteca
il film	filme
il teatro	teatro

Atividade A
Aonde as pessoas das fotos abaixo foram na noite passada? Dê o nome em italiano de cada lugar.

1 _____

2 _____

3 _____

4 _____

Atividade B
Oggi è mercoledì. Escreva *ieri sera, ieri, l'altro ieri* ou *la settimana scorsa* para dizer quando você fez cada atividade.

1   Io ho ballato martedì. _____

2   Sono andato al cinema lunedì. _____

3   Sono stato al concerto mercoledì scorso. _____

4   Sono andato a teatro martedì sera. _____

Atividade C
Complete a cruzadinha em italiano. Não se esqueça de incluir os artigos definidos quando necessário.

HORIZONTAL

1 teatro
4 cinema
5 noite passada
6 filme

VERTICAL

2 anteontem
3 dançar

DICA
A palavra *cinema* não muda no plural: *un cinema, due cinema, tre cinema* etc.

96   Unidade 10   Em casa/Saindo para passear

LIÇÃO 7

Frases úteis

Frases essenciais

Che cosa hai fatto ieri sera/ieri/l'altro ieri/ la settimana scorsa?	O que você fez a noite passada/ontem/anteontem/ a semana passada?
Che cosa vuoi fare?	O que você gostaria de fazer?
Voglio stare a casa.	Quero ficar em casa.
Voglio uscire.	Quero sair.

Frases extras

Andiamo a bere qualcosa!	Vamos beber algo/tomar alguma coisa!
Usciamo!	Vamos sair!

Atividade A
O que você diz quando quer…

1 perguntar a uma pessoa o que ela fez na semana passada?
   _____

2 perguntar a alguém o que ele(a) quer fazer?
   _____

3 dizer que você quer sair?
   _____

4 dizer que você quer ficar em casa?
   _____

DICA CULTURAL
Grandes cidades italianas como Roma, Milão e Florença são conhecidas por sua vida noturna. Dependendo da região e da estação, as pessoas saem para jantar por volta das 22 h e esticam a noite indo a discotecas e *night clubs*, que geralmente não abrem antes da meia-noite e funcionam até o amanhecer.

Atividade B
Roberto quer sair com Silvia esta noite, mas ela não. Ele sugere diferentes atividades, mas Silvia não se interessa por nenhuma. Coloque o diálogo na ordem correta para descobrir o que Roberto decidiu fazer. (Note que o tratamento entre eles é informal porque são amigos.)

___	**Roberto**	Ma io voglio uscire di casa. Vuoi andare a ballare?
___	**Silvia**	Sono andata al cinema ieri sera.
___	**Roberto**	Andiamo al cinema?
___	**Silvia**	Voglio stare a casa stasera.
___	**Roberto**	Va bene, stiamo a casa stasera.
___	**Silvia**	Sono andata a ballare con i miei amici ieri.
_1_	**Roberto**	Che cosa vuoi fare stasera?

Escreva em italiano o que Roberto finalmente decidiu fazer naquela noite.

_____
_____
_____
_____

Sua vez
Che cosa vuole fare stasera?

_____
_____
_____
_____

LIÇÃO 8
Gramática

O passado dos verbos com *essere*

O verbo *andare* usa como auxiliar o verbo *essere*. O verbo *essere* vem conjugado no presente, seguido do verbo *andare* no particípio, que deve concordar em gênero e número com o sujeito. Veja a conjugação abaixo.

Os verbos que têm o auxiliar *essere* geralmente são de ação. Os particípios desses verbos tanto podem ser regulares (vistos na Unidade 9) quanto irregulares. Veja abaixo os particípios irregulares mais comuns.

essere	(sono) stato/a	eu estava
venire	(sono) venuto/a	eu vim
nascere	(sono) nato/a	eu nasci
rimanere	(sono) rimasto/a	eu fiquei

io	sono	andato/a	eu fui
tu	sei	andato/a	tu foste/você foi
Lei	è	andato/a	tu foste/você foi (form.)
lui/lei	è	andato/a	ele/ela foi
noi	siamo	andati/e	nós fomos
voi	siete	andati/e	vós fostes/vocês foram
loro	sono	andati/e	eles/elas foram

Exemplos:

Lei è andata al negozio.   Ela foi à loja.

Noi siamo rimasti a casa.   Nós ficamos em casa.

Atividade A
Complete os verbos com a terminação correta – muita atenção às concordâncias!

1 Luisa è andat _____ al supermercato.

2 Marco è stat _____ in Italia l'anno scorso.

3 Quelle ragazze sono nat _____ in Italia.

4 Noi siamo rimast _____ a casa ieri sera.

Atividade B
Escolha os verbos do quadro para completar cada uma das frases no passado.

nascere	andare	rimanere	venire

1 Io _____ a casa ieri.

2 Mio nonno _____ il 2 giugno 1930.

3 Giulia e Paola _____ al cinema ieri sera.

4 Marcello e Luigi _____ a trovarmi (visitar-me/encontrar-me) dopo la lezione.

Atividade C
Agora traduza as frases da atividade anterior.

1 _____

2 _____

3 _____

4 _____

Sua vez
Dov'è nato/nata?

_____

Dov'è andato/andata ieri sera?

_____

Unidade 10 — Em casa/Saindo para passear

Unidade 10 Revisão

Atividade A
Desembaralhe as letras para formar palavras, usando as imagens como dicas.

1 b g n o a   _ _ _ _ _

2 l i m f   _ _ _ _

3 b l r l a r e a   _ _ _ _ _ _ _

4 r i b i a c a m e n   _ _ _ _ _ _ _ _ _

5 i u n c c a   _ _ _ _ _ _

Atividade B
Circule as frases que melhor respondem às perguntas de Stefania.

1 **Giorgio** Che cosa vuoi fare stasera?
   Stefania Sono stanca.
   a **Ho visto la televisione ieri sera.**
   b **Voglio stare a casa stasera.**

2 **Giorgio** Voglio uscire! Andiamo a ballare.
   Stefania No Giorgio.
   a **Sono andata a ballare con Luigi ieri.**
   b **Sono andata al cinema ieri sera.**

3 **Giorgio** Vuoi una birra?
   Stefania No grazie.
   a **Voglio uscire.**
   b **Ho bevuto una birra questo pomeriggio.**

4 **Giorgio** Possiamo andare al cinema stasera.
   Stefania No.
   a **Non voglio uscire stasera.**
   b **Che cosa hai fatto ieri sera?**

Atividade C
Reescreva as frases abaixo no passado. Lembre-se de usar o auxiliar *essere*.

1 Oggi rimango a casa.
   _____

2 Vai al cinema dopo cena?
   _____

3 Silvia e Paola vanno al supermercato.
   _____

4 Paola è in Italia.
   _____

Atividade D
Reescreva as frases abaixo no imperativo.

1 Puoi aiutare la mamma in cucina?
   _____
2 Potete sistemare la vostra camera?
   _____
3 Può prendere le cose da terra?
   _____
4 Possiamo imbiancare la camera?
   _____

Desafio
Faça duas listas de verbos: uma de verbos com auxiliar *avere* e outra com o auxiliar *essere*. Depois, escolha dois verbos e conjugue-os no passado.

Atividade na internet
Acesse **www.berlitzbooks.com/5minute** para encontrar o site de uma imobiliária italiana. Escolha uma região (*regione*), um distrito (*provincia*) e uma cidade (*comune*). Depois, anote os tipos de imóvel que você encontrou.

Unidade 11 Corpo e saúde

Nesta unidade você aprenderá:
- vocabulário referente ao corpo e à saúde.
- advérbios de tempo.
- a descrever sintomas e doenças comuns.
- a conjugar os verbos no futuro.

LIÇÃO 1 — Sono malato

Diálogo

Maria pergunta a seu amigo Roberto se ele quer jogar tênis, mas ele está doente. Eles combinam de jogar outro dia. Ouça a conversa deles.

Roberto Ciao Maria. Cosa fai oggi?

Maria Vado a giocare a tennis. Vuoi venire?

Roberto No, non posso giocare perché sono malato.

Maria Mi dispiace. Possiamo andare giovedì o venerdì.

Roberto Se sto meglio possiamo andare a giocare venerdì.

Maria Va bene. Chiamami venerdì e guarisci presto!

Atividade A

Circule a resposta correta.

1. Quando Maria vai jogar tênis?
   - a hoje
   - b amanhã
2. Por que Roberto não vai jogar tênis com Maria?
   - a Ele não quer.
   - b Ele não pode.
3. Quando ele quer jogar?
   - a quinta-feira
   - b sexta-feira
4. Quem vai ligar na sexta-feira?
   - a Maria
   - b Roberto

Atividade B

Na sexta-feira seguinte, Roberto envia uma mensagem de texto a Maria. Leia a mensagem dele e a resposta de Maria. Depois, responda às perguntas.

> Mi dispiace Maria ma non posso giocare oggi. Sono ancora malato. Andiamo a giocare domenica o lunedì?
> Roberto

> Che peccato! Non ti preoccupare. Chiamami domenica!
> Maria

1. Por que Roberto não pode jogar tênis na sexta-feira?
   - a Ele ainda está doente.
   - b Ele não quer.
2. O que Maria responde a Roberto?
   - a para não ligar
   - b para não se preocupar
3. Quando eles vão voltar a se falar?
   - a domingo
   - b segunda-feira

Atividade C

Hoje é domingo. Imagine que você é Roberto. Escreva uma mensagem para Maria dizendo que quer jogar tênis na segunda-feira.

LIÇÃO 2
Palavras úteis

Palavras essenciais

Gli sport (Esportes)

il calcio	futebol
il ciclismo	ciclismo
il nuoto	natação
la pallacanestro	basquete
la pallavolo	vôlei
il tennis	tênis

La salute (Saúde)

grasso/grassa	gordo/gorda
magro/magra	magro/magra
malato/malata	doente
sano/sana	sadio/sadia/saudável
la salute	saúde
stressato/stressata	estressado/estressada
la palestra	academia de ginástica
pesare	pesar
il peso	peso

Atividade A
Escreva o nome dos esportes mostrados nas imagens.

1  _____   2 _____

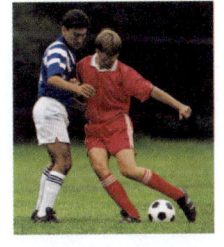

3  _____   4 _____

Atividade B
Preencha os espaços com as palavras corretas em italiano.

1 Dov'è _____?
                academia

2 Qual è il suo _____?
                      peso

3 Lui non vuole essere _____.
                              gordo

4 Lei mangia bene per rimanere _____
                                      magra

   e _____.
        saudável

5 Perché è _____?
              estressado(a)

6 È _____ Roberto?
          doente

Atividade C
Ligue a palavra à sua tradução correta em italiano.

1 natação
   a il calcio   b il nuoto
2 vôlei
   a la pallavolo   b la pallacanestro
3 futebol
   a il nuoto   b il calcio
4 saudável
   a malato   b sano

DICA
Você percebeu que as palavras *pallacanestro* e *pallavolo* contêm a palavra *palla* (bola)? *Pallacanestro* é formada pelas palavras "bola" e "cesta" (*canestro*), e *pallavolo* é formada por "bola" e "voo" (*volo*). As palavras italianas para handebol e polo aquático seguem o mesmo modelo: *pallamano* e *pallanuoto*.

Corpo e saúde — Unidade 11

LIÇÃO 3
Frases úteis

Frases essenciais

Come si sente?	Como você se sente?
Mi sento bene/male.	Me sinto bem/mal.
Sono malato/malata.	Estou doente.
Voglio essere in forma.	Quero ficar em forma.
Voglio mettere su peso.	Quero ganhar peso.
Voglio perdere peso.	Quero perder peso.

Frases extras

Ancora	Ainda
Che peccato!	Que pecado!/Que pena!
Guarisci presto!	Melhoras!
Mi dispiace.	Desculpe-me.

Atividade A
O que você fala quando quer...

1 dizer que está se sentindo bem?

_____

2 dizer que quer ficar em boa forma?

_____

3 perguntar a alguém como ele(a) está se sentindo?

_____

4 dizer que quer perder peso?

_____

Atividade B
Escolha a expressão correta para cada imagem.

1 
   a Mi sento male.
   b Mi sento bene.

2 
   a Voglio essere in forma.
   b Sono malata.

3 
   a Voglio perdere peso.
   b Mi sento bene.

4 
   a Voglio perdere peso.
   b Voglio mettere su peso.

5 
   a Mi sento male.
   b Sono in forma.

Sua vez
Come si sente? Diga como você se sente. Depois, diga se você está *in forma* ou se precisa *perdere peso* ou *mettere su peso*.

_____

_____

_____

Corpo e saúde

LIÇÃO 4 — Gramática

O Futuro do Presente do Indicativo (*Futuro Semplice*) dos verbos regulares

Para formar o tempo futuro, acrescente as terminações –ò, –ai, –à, –emo, –ete, –anno ao infinitivo sem o final –e. Assim, a conjugação do verbo *vendere* (vender) no futuro é: *io vender**ò**, tu vender**ai**, Lei vender**à**, lui/lei vender**à**, noi vender**emo**, voi vender**ete**, loro vender**anno***. A do verbo *finire* (terminar, acabar) é: *io finir**ò**, tu finir**ai**, Lei finir**à**, lui/lei finir**à**, noi finir**emo**, voi finir**ete**, loro finir**anno***.
Para os verbos terminados em –*are*, o "a" muda para "e":

io lavor**erò**	eu trabalharei
tu lavor**erai**	tu trabalharás/ você trabalhará
Lei lavor**erà**	tu trabalharás/ você trabalhará (form.)
lui/lei lavor**erà**	ele/ela trabalhará
noi lavor**eremo**	nós trabalharemos
voi lavor**erete**	vós trabalhareis/ vocês trabalharão
loro lavor**eranno**	eles/elas trabalharão

DICAS

- No caso de verbos terminados em –*care* e –*gare*, acrescente um *h* antes de –*er* para manter o som da consoante. Assim, *giocare* ficará *giocherò, giocherai, giocherà* etc. *Pagare* ficará *pagherò, pagherai, pagherà* etc.

- No caso de verbos terminados em –*ciare* e –*giare*, retire o *i* antes das terminações do futuro. Assim, o futuro de *cominciare* será *comincerò, comincerai* etc. O futuro de *mangiare* será *mangerò, mangerai* etc.

- O futuro de alguns verbos tem o radical irregular, mas as terminações regulares. Veja abaixo os casos mais comuns:
  andare = andrò, andrai, ...   fare = farò, farai, ...
  avere = avrò, avrai, ...   potere = potrò, potrai, ...
  essere = sarò, sarai, ...   volere = vorrò, vorrai, ...

Atividade A
Usando os pronomes e os verbos abaixo, escreva o que cada pessoa vai fazer.

1 lui, scrivere   _____
2 io, ballare   _____
3 loro, studiare   _____
4 noi, partire   _____
5 tu, conoscere   _____
6 voi, correre   _____

Atividade B
Elabore uma pergunta para cada frase. Siga o exemplo.

1 Domani cucinerò il pollo.
   Quando cucinerai il pollo?

2 Noi studieremo per l'esame la settimana prossima.
   _____

3 Io correrò nel parco.
   _____

4 Noi balleremo in discoteca.
   _____

5 Io pulirò la mia stanza sabato.
   _____

6 Luisa scriverà una lettera.
   _____

Sua vez
Observe as imagens e escreva o que vai acontecer em cada uma delas.

_____   _____

_____   _____

Corpo e saúde — Unidade 11

LIÇÃO 5
La medicina

Anúncios de remédios
Leia o anúncio abaixo.

Medicina per il raffreddore

Combatte la febbre e la tosse.
Allevia il mal di testa e il mal di gola.
Dà benessere a tutto il corpo.
Non occorre una ricetta.

allevia	alivia
la gola	garganta

Atividade A
Circule a resposta correta.

1. Do que trata o anúncio?
   - **a** remédio para resfriado
   - **b** remédio para dor

2. O que o remédio trata?
   - **a** febre
   - **b** dor de estômago

3. O que o remédio alivia?
   - **a** dor de dente
   - **b** dor de cabeça

4. Por que você não precisa consultar um médico para comprar esse remédio?
   - **a** porque não precisa de receita.
   - **b** porque o remédio não é restrito.

Leia agora este outro anúncio.

Medicina per la tosse

Combatte il mal di gola.
Allevia la febbre, elimina il mal di testa.
Prendere due volte al giorno.
Vi sentirete meglio subito.
Occorre una ricetta.

Atividade B
Circule a resposta correta.

1. Do que trata o anúncio?
   - **a** remédio para o estômago
   - **b** remédio para tosse

2. O que o remédio trata?
   - **a** dor de cabeça
   - **b** dor de garganta

3. O que o remédio alivia?
   - **a** febre
   - **b** dor de dente

4. Com que frequência deve-se tomar o remédio?
   - **a** todos os dias
   - **b** duas vezes ao dia

5. É necessário consultar um médico para tomar o remédio?
   - **a** sim
   - **b** não

Atividade C
Complete as frases para comparar os dois medicamentos.

La medicina per il raffreddore combatte _____ e la medicina _____ combatte _____. La medicina per la tosse allevia _____ e _____ per il raffreddore allevia _____.

DICA CULTURAL
As farmácias na Itália são identificadas por uma cruz verde de neon. Os farmacêuticos podem auxiliá-lo e dar dicas sobre alguns medicamentos. Há ainda as farmácias de plantão, que são chamadas de *farmacie di turno*.

Unidade 11 — Corpo e saúde

LIÇÃO 6
Palavras úteis

Palavras essenciais

il mal di denti	dor de dente
il mal di gola	dor de garganta
il mal di pancia	dor de estômago
il mal di testa	dor de cabeça
la febbre	febre
il raffreddore	resfriado
la tosse	tosse
il dentista/la dentista	dentista
il dottore/la dottoressa	doutor/doutora
l'iniezione	injeção
la medicina	remédio/medicamento
l'ospedale	hospital
la ricetta	receita médica

Atividade A

Circule as palavras que melhor completam as frases.

1. Hai la tosse. Hai bisogno di _____.
   a un dentista   **b** una medicina

2. Hai mal di denti. Vai _____.
   a all'ospedale   **b** dal dentista

3. Hai la febbre. Il dottore ti dà _____.
   a un'iniezione   **b** una ricetta

4. Hai mal di testa. Hai bisogno di _____.
   a una medicina   **b** un'iniezione

5. Hai mal di gola. Vai _____.
   a dal dentista   **b** dal dottore

Atividade B

As pessoas retratadas nas fotos abaixo não estão se sentindo bem. Escreva o que cada uma delas tem.

1 _____

2 _____

3 _____

4 _____

Sua vez

Lei è un dottore/una dottoressa. Fale sobre o seu paciente. *Che cos'há? Di cosa ha bisogno?*

_____

_____

_____

_____

DICA CULTURAL

Na Itália há um grande número de *terme* (termas) graças às muitas fontes de água mineral e áreas vulcânicas no país. A tradição de usar as termas para aliviar doenças vem da Roma antiga. Hoje elas não são apenas visitadas com propósitos medicinais, mas também para relaxar. As termas de Abano, Merano, Salsomaggiore, Chianciano, Montecatini e Ischia estão entre as mais famosas.

LIÇÃO 7

Frases úteis

Frases essenciais

Che cosa le fa male?	O que dói?
Mi fa male il braccio.	Meu braço dói.
Mi fanno male le gambe.	Minhas pernas doem.
Mi fa male la mano.	Minha mão dói.
Mi fanno male i piedi.	Meus pés doem.
Mi fa male la schiena.	Minhas costas doem.

Frases extras

Può raccomandarmi un dottore/dentista?	Você pode me recomendar um médico/dentista?
Deve andare da un dottore/dentista.	Você precisa consultar um médico/dentista.

DICAS

- Quando falar sobre as partes do corpo em italiano, não use os pronomes possessivos como *il mio/la mia/le mie/i miei*, mas os artigos definidos *il/lo/la* etc. ou as expressões *mi fa male* (sing.) e *mi fanno male* (pl.). Por exemplo: *Mi fa male il braccio* literalmente significa "Me faz mal o braço".

- *Dovere* é um verbo irregular em –*ere* e significa "dever", "ter de", "precisar". Por exemplo: *Devi andare dal dottore* (Você precisa ir ao médico).

Atividade A
Observe as figuras e complete as frases.

1. Mi fa male _____
2. Le fa male _____
3. Mi fanno male _____
4. Gli fa male _____

Atividade B
Você está esperando para ser atendido por um médico. Diga ao *infermiere*/à *infermiera* como você se sente, descrevendo os sintomas.

Escolha palavras ou frases do quadro para fazer a descrição.

> malato/malata   braccio   mi fa male la schiena
> febbre   mi fa male il braccio   ho mal di testa

Atividade C
Faça *la relazione dell'infermiere/infermiera* (histórico de enfermagem) com base no que você disse a ele(a) na atividade anterior. Use *gli/le* em vez de *mi*.

Unidade 11   Corpo e saúde

LIÇÃO 8 — Gramática

Advérbios de tempo

Use as palavras abaixo para falar sobre a frequência que algumas coisas acontecem.

di solito	geralmente
non … mai	nunca
ogni giorno	todos os dias
qualche volta	às vezes
sempre	sempre
spesso	frequentemente
una volta/due volte	uma vez/duas vezes

Exemplos

Gioco spesso a tennis. — Eu jogo tênis frequentemente.

Di solito Roberto corre il sabato. — Geralmente Roberto corre aos sábados.

> **DICA**
> Note que *sempre* e *spesso* geralmente vêm depois do verbo. *Mai* tem a seguinte construção: *non* + verbo + *mai*. Exemplo: *Maria non fa mai ginnastica* (Maria não faz mais ginástica).

Atividade A

Escolha a palavra que melhor descreve a frequência com que você pratica essas atividades.

1 Vado dal dottore.
   a spesso   b qualche volta   c mai

2 Vado in palestra.
   a spesso   b qualche volta   c mai

3 Gioco a tennis due volte alla settimana.
   a spesso   b qualche volta   c mai

4 Faccio ginnastica la domenica.
   a spesso   b qualche volta   c mai

Atividade B

Traduza as frases abaixo para o italiano. Se precisar de ajuda com as preposições, consulte o boxe de dica da página 74.

1 Eu jogo vôlei às vezes.
   _____

2 Eu sempre vou à academia.
   _____

3 Eu geralmente sou estressado(a).
   _____

4 Eu jogo tênis uma vez por semana.
   _____

5 Eu nunca vou ao médico.
   _____

6 Eu corro todos os dias.
   _____

Atividade C

Agora, traduza essas perguntas.

1 Você sempre vai para a Itália em julho?
   _____

2 Você geralmente viaja durante o verão?
   _____

3 Massimo almoça em casa todos os dias?
   _____

Sua vez

Diga em italiano quais atividades você pratica com as frequências indicadas abaixo.

1 ogni giorno _____

2 qualche volta _____

3 mai _____

4 di solito _____

Corpo e saúde — Unidade 11

Unidade 11 **Revisão**

Atividade A
I fratelli Carlo e Marina nunca entram em acordo! Se Carlo diz alguma coisa, Marina imediatamente diz o oposto. Preencha as lacunas do diálogo com o contrário do que Carlo diz.

Carlo Mi sento male.
Marina _____
Eu me sinto bem.

Carlo Ho mal di testa.
Marina _____
Eu nunca tive dor de cabeça.

Carlo La settimana prossima andrò dal dentista.
Marina _____
Eu não irei ao dentista.

Carlo Ho mal di denti.
Marina _____
Eu estou com dor de estômago.

Carlo Voglio andare dal dottore.
Marina _____
Eu não quero ir ao médico.

Carlo Faccio ginnastica perché voglio rimanere in forma.
Marina _____
Eu faço ginástica porque quero perder peso.

Atividade B
O que há de errado com estas frases? Reescreva-as para que fiquem corretas.

1 Mi fanno male la testa. _____
2 Mi fa male il mio braccio. _____
3 Vado mai in palestra. _____
4 Sempre Teresa corre nel parco.
   _____
5 Laura cucinerò domani. _____
6 Mi fa male i piedi. _____

Atividade C
Desembaralhe as letras para formar palavras, usando as imagens como dicas.

1 i l c o m s i c   _ _ _ _ _ _ _ _

2 s n e n t i   _ _ _ _ _ _ _

3 a m l i d e t s a t   _ _ _ _ _ _ _ _ _ _

4 a n i i c d e m   _ _ _ _ _ _ _ _

5 b r b e f e   _ _ _ _ _ _

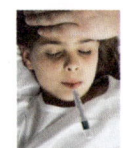

6 a s t i t e n d   _ _ _ _ _ _ _ _

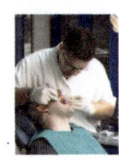

Desafio
Responda às seguintes perguntas sobre você.

Chi cucinerà domani? _____

Che fa di solito per divertirsi? _____

Che farà la settimana prossima? _____

Atividade na internet
Acesse **www.berlitzbooks.com/5minute** para encontrar uma lista de sites de academias em italiano. Escolha uma academia e descubra o que você pode fazer lá. Como pode se tornar um membro? Que tipo de equipamentos e atividades elas oferecem? Há aulas de ginástica?

Glossário Italiano-Português

A

l'abbigliamento	roupa/vestuário
l'acqua	água
l'aereo	avião
l'aeroporto	aeroporto
agosto	agosto
l'altro ieri	anteontem
amare	amar
all'angolo	na esquina
l'anno	ano
americano/americana	americano(a)
gli animali	animais
aprile	abril
l'appartamento	apartamento
l'armadio	guarda-roupa/armário
arrivederci	adeus/tchau
l'assegno	cheque
l'assistente	assistente
Australia	Austrália
australiano/australiana	australiano(a)
l'autobus	ônibus
l'autunno	outono

B

ballare	dançar v
la bambina	menina/garota
il bambino	menino/garoto
i bagagli	bagagem
il bagno	banheiro
la banca	banco
il bancomat	cartão de débito
bello/bella	bonito(a)
bere	beber
le bevande	bebidas
bianco/bianca	branco(a)
la biblioteca	biblioteca
il biglietto	passagem/bilhete
la birra	cerveja
la bistecca	bife
blu	azul
Brasile	Brasil
brasiliano(a)	brasileiro(a)

C

il caffè	café
il calcio	futebol
caldo	calor/quente
i calzini	meias
la camera	cômodo/quarto
la camera da letto	quarto de dormir
la camicia	camisa
Canada	Canadá
canadese	canadense
il cane	cachorro
il capoufficio/la capoufficio	chefe de departamento
il cappotto	casaco
la carne	carne
la carta di credito	cartão de crédito
la casa	casa
celibe	solteiro
la chiesa	igreja
il cibo	comida
il ciclismo	ciclismo
ciao	tchau
cinquanta	cinquenta
cinque	cinco
il cinema	cinema
la classe	sala de aula
la colazione	café da manhã
i colori	cores

Glossário Italiano-Português

il compleanno	aniversário
il concerto	show
i contanti	dinheiro vivo
il costume	traje de banho
la cravatta	gravata
la cucina	cozinha
il cugino/la cugina	primo(a)

D

davanti	em frente
il dentista/la dentista	dentista
a destra	à direita
dicembre	dezembro
diciassette	dezessete
diciannove	dezenove
diciotto	dezoito
dieci	dez
dietro	atrás
la discoteca	discoteca
dodici	doze
domenica	domingo
la donna	mulher
il dottore	médico
la dottoressa	médica
due	dois

E

l'edificio	edifício/prédio
l'estate	verão

F

la famiglia	família
febbraio	fevereiro
la febbre	febre
la fermata dell'autobus	ponto de ônibus
i figli	filhos
la figlia	filha
il figlio	filho
il film	filme
il formaggio	queijo
fra	entre
i fratelli	irmãos
il fratello	irmão
freddo	frio
la frutta	fruta

G

il gatto	gato
i genitori	pais
il gelato	sorvete
gennaio	janeiro
la giacca	jaqueta
giallo/gialla	amarelo(a)
il giornale	jornal
il giornalista/la giornalista	jornalista
giovedì	quinta-feira
giugno	junho
la gonna	saia
grasso/grassa	gordo(a)
i guanti	luvas

Glossário Italiano-Português

I

ieri	ontem
ieri sera	ontem à noite
l'impiegato/l'impiegata	funcionário(a)
l'indirizzo	endereço
l'iniezione	injeção
inglese	inglês
l'insalata	salada
l'inverno	inverno
Irlanda	Irlanda
irlandese	irlandês(esa)
Italia	Itália
italiano/italiana	italiano(a)

L

la L	G (tamanho)
il latte	leite
il lavoro	trabalho
la lezione	aula
lontano	longe
luglio	julho
lunedì	segunda-feira
i luoghi	lugares

M

la M	M (tamanho)
la macchina	carro
la madre	mãe
maggio	maio
la maglietta	camiseta
il maglione	malha/blusa
magro/magra	magro(a)
il mal di denti	dor de dentes
il mal di gola	dor de garganta
il mal di pancia	dor de estômago
il mal di testa	dor de cabeça
malato/malata	doente
mangiare	comer
il marito	marido
martedì	terça-feira
marzo	março
la medicina	remédio
mercoledì	quarta-feira
il mese	mês
mesi dell'anno	meses do ano
mezzanotte	meia-noite
mezzo	meio/metade
mezzogiorno	meio-dia
il minuto	minuto
la moglie	esposa
il monumento	monumento

N

nero/nera	preto(a)
la neve	neve
il/la nipote	neto(a)/sobrinho(a)
la nonna	avó
il nonno	avô
notte	noite
novembre	novembro
nubile	solteira
il numero	número
numeroso/numerosa	numeroso(a)
nuvoloso/nuvolosa	nebuloso(a)
il nuoto	natação

Glossário Italiano-Português

O

oggi	hoje
l'ora	hora
l'ospedale	hospital
otto	oito
ottobre	outubro

P

il padre	pai
la palestra	academia
la pallacanestro	basquete
la pallavolo	vôlei
il pane	pão
i pantaloncini	shorts
i pantaloni	calça
il passaporto	passaporte
le patate	batatas
la pasta	massa
le persone	pessoas
pesare	pesar
il pesce	peixe
il peso	peso
il pollo	frango
la posizione	posição
la posta	correio, correspondência
prendere	pegar, comer, beber
presto	cedo, depressa
la primavera	primavera
la professione	profissão
il professore	professor
la professoressa	professora
in punto	em ponto

Q

quaranta	quarenta
un quarto	um quarto
quattordici	quatorze
quattro	quatro
quindici	quinze

R

il raffreddore	resfriado
Regno Unito	Reino Unido
la ricetta	receita médica
la rivista	revista
il riso	arroz
rosa	rosa
rosso/rossa	vermelho(a)

S

la S	S (letra)
sabato	sábado
la sala da pranzo	sala de jantar
la salute	saúde
sano/sana	sadio(a)/saudável
la sciarpa	echarpe
lo scontrino	recibo/comprovante
la scuola	escola
il secondo	segundo
sedici	dezesseis
il segretario/la segretaria	secretário(a)
sessanta	sessenta
sei	seis
la sera	noite

Glossário Italiano-Português

sette	sete
settembre	setembro
la settimana scorsa	semana passada
a sinistra	à esquerda
il soggiorno	sala de estar
i soldi	dinheiro
il sole	sol
la sorella	irmã
gli sport	esportes
sposato/sposata	casado(a)
le stagioni	estações do ano
la stanza	quarto
la stazione ferroviaria	estação de trem
Stati Uniti	Estados Unidos
la stazione della metropolitana	estação de metrô
lo stipendio	salário
la strada	rua
stressato/stressata	estressado(a)
il succo	suco
il supermercato	supermercado
Svizzera	Suíça
svizzero/svizzera	suíço(a)

T

tardi	tarde
il tè	chá
il telefono	telefone
il teatro	teatro
il tempo	tempo
il tennis	tênis
la torta	bolo
la tosse	tosse
tra	entre
tre	três
tredici	treze
trenta	trinta
trentadue	trinta e dois
trentacinque	trinta e cinco
trentanove	trinta e nove
trentasei	trinta e seis
trentasette	trinta e sete
trentatré	trinta e três
trentotto	trinta e oito
trentuno	trinta e um

U

l'uccello	pássaro
l'ufficio	escritório
l'ufficio postale	correio
umido/umida	úmido(a)
undici	onze
unito/unita	unido(a)
l'uomo	homem
l'uovo	ovo

V

la vacanza	férias
la valigia	mala
venerdì	sexta-feira
venti	vinte
il vento	vento
verde	verde
viola	roxo
volere bene	amar/querer bem
il volo	voo
il volo diretto	voo direto

Glossário Italiano-Português

Números

i numeri	números
zero	0
uno	1
due	2
tre	3
quattro	4
cinque	5
sei	6
sette	7
otto	8
nove	9
dieci	10
undici	11
dodici	12
tredici	13
quattordici	14
quindici	15
sedici	16
diciassette	17
diciotto	18
diciannove	19
venti	20
trenta	30
trentuno	31
trentadue	32
trentatré	33
trentaquattro	34
trentacinque	35
trentasei	36
trentasette	37
trentotto	38
trentanove	39
quaranta	40
cinquanta	50
sessanta	60

Dias da semana

i giorni	dias
lunedì	segunda-feira
martedì	terça-feira
mercoledì	quarta-feira
giovedì	quinta-feira
venerdì	sexta-feira
sabato	sábado
domenica	domingo

Meses

i mesi	meses
gennaio	janeiro
febbraio	fevereiro
marzo	março
aprile	abril
maggio	maio
giugno	junho
luglio	julho
agosto	agosto
settembre	setembro
ottobre	outubro
novembre	novembro
dicembre	dezembro

Glossário Italiano-Português

Cores

i colori — cores

- giallo/gialla — amarelo(a)
- nero/nera — preto(a)
- blu — azul
- rosso/rossa — vermelho(a)
- bianco/bianca — branco(a)
- rosa — rosa
- viola — roxo
- verde — verde

Estações

- l'inverno — inverno
- la primavera — primavera 
- l'estate — verão  
- l'autunno — outono

Glossário Italiano-Português

Países/nacionalidades

Canada   Canadá
canadese   canadense

Irlanda   Irlanda
irlandese   irlandês(esa)

Italia   Itália
italiano   italiano
italiana   italiana

Regno Unito   Reino Unido
inglese   britânico(a)

Stati Uniti   Estados Unidos
americano   norte-americano
americana   norte-americana

Svizzera   Suíça
svizzero   suíço
svizzera   suíça

Glossário Italiano-Português

Palavras extras

anch'io	eu também/igualmente	l'isolato	quarteirão/quadra
ancora	ainda/de novo	il maggiore	mais velho
gli affari	negócios	il minore	mais novo
l'albergo	hotel	molto	muito
l'articolo	artigo	la nuora	nora
assunto/assunta	contratado(a)	nuotare	nadar
l'azienda	empresa	il pavimento	chão/piso
il cambio	câmbio (de moedas)	Piacere	Prazer (em conhecê-lo/a)
i centesimi	centavos	la piazza	praça
la cognata	cunhada	il portafoglio	carteira (de dinheiro)
il cognato	cunhado	portare	usar
correre	correr	portoghese	português(esa)
il datore di lavoro	empregador	la prenotazione	reserva
difficile	difícil	il resto	troco
la dogana	alfândega	le scale	escadas
facile	fácil	lo scalo	escala
la finestra	janela	le scarpe	sapato
francese	francês(esa)	gli spiccioli	trocado
il genero	genro	la suocera	sogra
il giardino	jardim	il suocero	sogro
giocare	jogar/brincar	tedesco/tedesca	alemão(ã)
indossare	vestir/usar	viaggiare	viajar

Respostas das atividades

Unidade 1 Lição 1

Atividade A

1 V; 2 V; 3 F; 4 F

Atividade B

Mi chiamo Lisa. Come si chiama?; Mi chiamo Marco. Piacere.; Sono italiana. E Lei? Di dov'è?; Sono svizzero.

Lição 2

Atividade A

1 Ciao!; 2 Come si chiama?; 3 Di dov'è?; 4 Ciao!/ Arrivederci.

Atividade B

1 Buona sera.; 2 Buona notte.; 3 Buon giorno.

Lição 3

Atividade A

America del Nord, de cima para baixo: 6; 4
Europa, da esquerda para a direita: 3; 2; 1; 5

Atividade B

Da esquerda para a direita: 4; 3; 1; 2

Lição 4

Atividade A

1 io; 2 lei; 3 lui; 4 tu

Atividade B

1 voi; 2 loro; 3 noi

Atividade C

1 io; 2 lei; 3 lui; 4 noi; 5 loro

Lição 5

Atividade A

lingua; nazionalità; italiano; inglese

Atividade B

1 a; 2 b; 3 b; 4 b

Lição 6

Atividade A

1 svizzera; 2 americana; 3 inglese; 4 australiano

Atividade B

1 italiana; 2 inglese; 3 svizzera; 4 americana; 5 canadese

Lição 7

Atividade A

1 È italiano?; 2 Parlo bene.; 3 Un po'.

Sua vez

As respostas poderão variar. Possíveis respostas:
P1 Buon giorno! Mi chiamo Massimo. Come si chiama?
R1 Sono Adriano, piacere.
P2 Di dov'è?
R2 Sono italiano.

Lição 8

Atividade A

1 sono; 2 è; 3 sei; 4 è

Atividade B

1 siete; 2 siamo; 3 sono

Sua vez

è; Sono; siete; Sono; è

Revisão

Atividade A

Nome	Paese	Nazionalità
Laura	Italia	italiana
Massimo	Svizzera	svizzera
Cassandra	Canada	canadese
Brian	Stati Uniti	americano
Ana	Brasile	brasiliana

Atividade B

1 Tu sei americano.; Lisa è italiana.; Lei è canadese.; Adriano è italiano.

Atividade C

Guida Buongiorno! Benvenuto in Italia!
Kiko Buongiorno! Sono Kiko Buxó. Come si chiama Lei?
Guida Mi chiamo Enrico. Piacere.
Kiko Piacere. È italiano?
Guida Sì. Di dov'è?
Kiko Sono inglese. Parla inglese?
Guida Un po'.
Kiko Parlo inglese e spagnolo.
Guida Bene!
Kiko Arrivederci, Enrico.
Guida Arrivederci!

Atividade D

```
L O S V I Z Z E R A U N I D A S
A Y P I T S U R N C I A S P D B
D C A N A D E S E D A Z H A N O
A L O O L P S E U D I T A P A C
N V N I I L T U R E P C Z O L I
A U C C A N A D A N S E Y L R X
R E G N O U N I T O N W R O I C
E L R E I N O N A I L A T I D M
```

Desafio

Croazia

Atividade E

1 Buon giorno! Mi chiamo Laura.; 2 Noi siamo canadesi.; 3 Io sono italiano.; 4 Manuel è americano.; 5 Io parlo inglese.; 6 Anna è italiana.

Respostas das atividades

Unidade 2 Lição 1

Atividade A 1 F; 2 F; 3 V; 4 V

Atividade B

1 persone: bambini; bambine; uomini; donne
2 cose: case; edifici; macchine; autobus
3 animali: gatti; cani

Lição 2

Atividade A

1 a uccello; b donna; c uomo; d bambino
2 a uomo; b autobus; c cane; d bambino; e edificio; f gatto; g donna; h macchina

Atividade B

1 maschile; 2 maschile; 3 femminile; 4 femminile; 5 maschile; 6 femminile; 7 maschile; 8 maschile

Lição 3

Atividade A 1 Guarda le persone! 2 Guarda gli animali!

Atividade B

Cara Elena,
Eu estou me divertindo muito aqui e finalmente estou aprendendo um pouco de italiano. Guarda le persone! Há uomini, donne e bambini. Guarda le case! Guarda l'edificio! Guarda gli animali! Há cani, gatti e ucceli.
Mi manchi.

Lição 4

Atividade A 1 bambini; 2 borse; 3 matite; tori

Atividade B 1 il; 2 la; 3 i; 4 le; 5 la; 6 l'

Atividade C 1 il gatto; 2 le donne; 3 le macchine; 4 la casa

Sua vez 1 le; 2 gli; 3 l'; 4 lo/gli; 5 il

Lição 5

Atividade A 1 c; 2 d; 3 b; 4 a

Atividade B

Via: Verdi; Numero 12;
Città: Firenze; Stato: Italia

Lição 6

Atividade A

diciannove,
ventiquattro, venticinque, ventisei, ventisette, ventotto, ventinove

Atividade B

1 uno		4 quattro	
6 sei		9 nove	
13 tredici		12 dodici	
18 diciotto		15 quindici	
10 dieci		22 ventidue	
30 trenta		14 quattordici	

Atividade C

1 Rua Verdi, n° 14; 2 Avenida Leopardi, n° 27;
3 Telefone 02 22-1410; 4 CEP: 97019

Lição 7

Atividade A

As respostas poderão variar. Possíveis respostas:
Mi chiamo_____.; Il mio compleanno è _____.; Il mio indirizzo è _____.; Il mio numero di telefono è_____.

Atividade B   1 a; 2 a; 3 a; 4 b

Lição 8

Atividade A

io parlo; tu parli; lui/lei parla; noi parliamo; voi parlate; loro parlano

Atividade B

io vivo; tu vivi; Lei/lui/lei vive; noi viviamo; voi vivete; loro vivono

Atividade C

João vive in Via Ipiranga 10; Júlia e Marcos vivono in Via Taubaté 24; Io e Laura viviamo in Via Jardim 16

Sua vez

Insegno portoghese e italiano. Laura insegna portoghese.

Revisão

Atividade A

1 tre bambini; 2 una casa; 3 due gatti; cinque donne

Atividade B

1 André vive in Viale Acácias, numero 8.; 2 Il numero di telefono di Tomás è quarantotto, ventinove, tredici, settantatré, novantuno.; 3 Cláudia e Marcos vivono in Via Estado, numero 30.; 4 Il numero di telefono di Eduardo è quarantaquattro, ottantadue, ottantadue, ventisette, diciannove, ottantaquattro.; Tomás vive in Via Amália, numero 25.

Atividade C

1 gli; 2 le; 3 l'/gli; lo

Desafio

As respostas poderão variar. Possíveis respostas:
Lei cammina in Via verdi.; Loro camminano in Via Verdi.;
Lui legge molto.; Loro leggono molto.

Atividade D

Laura	Buon giorno. Come si chiama?
Lei	Buon giorno. Mi chiamo (seu nome).
Laura	Bene. Qual è il suo numero di telefono?
Lei	Il mio numero di telefono è (seu número).
Laura	Qual è il suo indirizzo?
Lei	Il mio indirizzo è (seu endereço).
Laura	E il codice di avviamento postale?
Lei	Il mio codice di avviamento postale è (seu CEP).
Laura	Infine, qual è la sua data di nascita?
Lei	La mia data di nascita è (sua data de nascimento).
Laura	Benissimo! Benvenuto all'Istituto di Lingue Dante Alighieri.
Lei	Molte grazie.

Respostas das atividades

Unidade 3 Lição 1

Atividade A

1 Sono le diciotto e trentacinque; 2 Mancano cinquantacinque minuti; 3 Novanta minuti; 4 La Roma

Atividade B

1 Che ore sono?; 2 Sono le diciotto e trentacinque; 3 È presto! Quanto tempo manca alla fine della partita?; 4 Mancano cinquantacinque minuti.

Lição 2

Atividade A

1 Sono le tre e quarantacinque; 2 È l'una e un quarto; 3 Sono le otto e trenta; 4 Sono le dodici ou È mezzogiorno/mezzanotte.

Atividade B

1 È presto!; 2 È tardi!; 3 È presto!; 4 È tardi!

Atividade C

1 Che ore sono?; 2 È presto!; 3 È tardi!; 4 Sono le due.

Lição 3

Atividade A

1 quarantaquattro; 2 trentadue; 3 sessantasette; 4 cinquantotto

Atividade B

1 Mancano quindici minuti.; 2 Manca un'ora e quindici minuti.; 3 Manca un'ora e quarantacinque minuti.; 4 Manca un minuto.

Sua vez

Sono le sedici e dodici. Mancano trentatré minuti.; Sono le quattro e ventidue. Mancano ventitré minuti.; Sono le quattro e trentadue. Mancano tredici minuti.; Sono le quattro e quarantadue. Mancano tre minuti.

Lição 4

Atividade A

io	parto
tu	parti
Lei	parte
lui/lei	parte
noi	partiamo
voi	partite
loro	partono

Atividade B

1 Io offro; 2 Lei apre; Lui pulisce; 4 Io costruisco

Lição 5

Atividade A

1 a ; 2 a; 3 b; 4 a; 5 b

Atividade B

1 fare i compiti; 2 fare una telefonata; 3 fare la lavatrice; 4 fare ginnastica

Lição 6

Atividade A

1 martedì; 2 lunedì e giovedì; 3 venerdì; 4 mercoledì e sabato; 5 domenica

Atividade B

1 lunedì, 17 novembre; 2 sabato, 5 giugno; 3 mercoledì 21 settembre; 4 venerdì 8 aprile; 5 martedì 31 gennaio; 6 domenica 12 agosto, 7 giovedì 25 marzo; 8 domenica 14 ottobre; 9 lunedì 29 maggio; 10 martedì 2 dicembre; 11 venerdì 15 luglio; 12 mercoledì 18 febbraio

Lição 7

Atividade A

1 b; 2 b; 3 a; 4 b

Atividade B

1 Che giorno è oggi?; 2 Quanti ne abbiamo oggi?; 3 In che mese siamo?; 4 In che anno siamo?

Lição 8

Atividade A

1 fai; 2 fa; 3 facciamo; 4 fate

Atividade B

1 c; 2 a; 3 b; 4 d; 5 e

Sua vez

As respostas poderão variar, mas certifique-se de usar *faccio* nas respostas. Possíveis respostas:

Faccio la spesa il sabato.

Faccio ginnastica la domenica.

Revisão

Atividade A

A ordem das atividades pode não ser a mesma que você escolheu.

2 Irene fa la spesa alle dieci.; 3 Irene fa la lavatrice alle diciotto; 4 Irene fa ginnastica alle sedici.; 5 Irene fa i compiti alle ventuno e trenta.

Atividade B

1 Mancano due ore, trentaquattro minuti e tredici secondi.; 2 Mancano ventisette secondi.; 3 Mancano dodici minuti e trentanove secondi.

Atividade C

1 sabato, tredici febbraio; 2 lunedì, quindici febbraio; 3 martedì, ventitré febbraio; 4 domenica, ventuno febbraio

Respostas das atividades

Unidade 4 Lição 1
Atividade A
1 F; 2 V; 3 F; 4 F
Atividade B
1 a; 2 a; 3 b; 4 b; 5 b

Lição 2
Atividade A
Siamo in cinque nella mia famiglia. Tommaso è mio padre. Mia madre si chiama Marina. Giulia è mia sorella. Marco è il marito di Giulia.

Atividade B
1 fratelli; 2 fratello; 3 madre; 4 padre; 5 genitori; 6 figlio; 7 figlia; 8 figli; 9 moglie; 10 marito

Lição 3
Atividade A
1 È numerosa la sua famiglia?; 2 Nella mia famiglia siamo in otto. Guardi questa foto.; 3 Che famiglia numerosa!; 4 Sì, la mia famiglia è numerosa. E la sua famiglia è numerosa?; 5 No. La mia famiglia è poco numerosa. Siamo in quattro.

Atividade B
1 Che famiglia poco numerosa!; 2 Che famiglia numerosa!; 3 Che famiglia numerosa!; 4 Che famiglia poco numerosa!

Lição 4
Atividade A
1 mia; 2 la tua; 3 La sua; 4 le mie; 5 i tuoi; 6 i suoi; 7 La nostra; 8 i nostri

Atividade B
1 e; 2 b; 3 h; 4 d; 5 c; 6 g; 7 a; 8 f

Lição 5
Atividade A
1 suo nonno; 2 sua madre; 3 sua cugina; 4 sua nipote

Atividade B
1 il cugino; 2 la cugina; 3 la nonna; 4 il nipote

Lição 6
Atividade A
1 cugina; 2 nipote; 3 zia; 4 nuora; 5 nonno; 6 nonni

Atividade B
1 a; 2 a; 3 b; 4 a; 5 a; 6 b

Lição 7
Atividade A
1 Sì, la mia famiglia è molto unita.; 2 No, è celibe.; 3 Sì, ho una famiglia numerosa.; 4 No, sono sposata. Quello è mio marito.

Atividade B
1 Ti amo.; 2 Ti voglio bene.; 3 Ho una famiglia unita.; 4 È sposato/sposata?

Lição 8
Atividade A
1 un nonno ou un uomo; 2 una macchina; 3 un'amica ou una ragazza; 4 uno zoo

Atividade B
As respostas poderão variar. Possíveis respostas: 1 Tu hai un fratello.; 2 Io ho un cugino.; 3 Loro hanno una zia.; 4 Voi avete un/una nipote.

Sua vez
As respostas poderão variar. 1 Sì, ho due zii/No, non ho zii.; 2 Sì, ho tre nipoti/No, non ho nipoti.; 3 Sì, i miei zii hanno due figli/No, i miei zii non hanno figli.; 4 Sì, i miei cugini hanno un figlio/No, i miei cugini non hanno figli.

Revisão
Atividade A

Serena Questo è mio nonno, Alfonso. E questa è mia nonna, Giulia.
Carlo Chi è questa signora?
Serena Lei è mia cugina, Laura, e questo è suo fratello, Giuseppe.
Carlo È tua madre quella signora?
Serena No, quella è mia zia, Sara. Laura e Giuseppe sono i suoi figli.
Carlo È questa tua madre?
Serena No, questa è mia zia Linda, la moglie di mio zio Giovanni. Lui è il fratello di mio padre.
Carlo La tua famiglia è numerosa. E dov'è tua madre?
Serena I miei genitori non sono alla festa.

Atividade B
1 Giulia è sua nonna; 2 Laura e Giuseppe sono i suoi cugini; 3 Sara e Linda sono le sue zie; 4 Giovanni è suo zio.

Atividade C
As respostas poderão variar. Possíveis respostas:

Carlo La mia famiglia è numerosa/ La mia famiglia è poco numerosa.
Carlo Sì, ho un fratello/ No, non ho fratelli.
Carlo Sì, ho molti zii/ No, non ho zii.

Atividade D

Carlo Quel bambino è suo nipote?
Alfonso No, questo bambino è mio nipote.
Carlo Quella signora è sua moglie?
Alfonso No, questa signora è mia moglie.
Carlo Quelle ragazze sono le sue figlie?
Alfonso No, queste ragazze sono le mie figlie.

Atividade E
1 Loro hanno due figli.; 2 Loro hanno tre figli.; 3 Lei ha due figli.; 4 Lui ha un figlio.

Respostas das atividades

Unidade 5 Lição 1
Atividade A 1 V; 2 V; 3 F; 4 F

Atividade B 1 a; 2 b; 3 b; 4 b

Lição 2
Atividade A 1 la frutta; 2 il caffè; 3 la zuppa; 4 la birra

Atividade B 1 Mangio del pane e bevo del caffè.; 2 Mangio della pasta e bevo dell'acqua.; 3 Mangio della frutta e bevo del vino.

Lição 3
Atividade A 1 Ho fame.; 2 Ho sete.; 3 Ho fame.; 4 Ho sete.; 5 Ho fame.; 6 Ho sete.

Atividade B 1 Ho voglia di mangiare.; 2 Ho voglia di bere.

Atividade C 1 Facciamo colazione!; 2 Pranziamo!; 3 Ceniamo!

Lição 4
Atividade A 1 Dove; 2 Qual; 3 Che cosa; 4 Quando

Atividade B Possíveis respostas: 1 Quali sono i suoi fratelli?; 2 Come mai non va al cinema?; 3 Perché è triste?; 4 Chi sono quelle persone?; 5 Quanti anni ha?

Atividade C 1 Perché; 2 Chi; 3 Quando; 4 Quale; 5 Dove

Sua vez 1 Come si chiama sua madre?; 2 Dove abita?; 3 Chi sono quelli?; 4 Che ore sono?

Lição 5
Atividade A 1 b; 2 a; 3 b; 4 a

Atividade B 1 Buon giorno, che cosa desidera?; 2 Vorrei un secondo.; 3 Vuole anche un contorno?; 4 Sì, prendo l'insalata mista.

Lição 6
Atividade A 1 primo; 2 secondo; 3 dolce; 4 contorno; 5 antipasto

Atividade B 1 Un antipasto è la bruschetta (a); 2 Un secondo piatto è la bistecca (b); 3 Un dolce è la torta al cioccolato (a)

Sua vez
As respostas poderão variar.
Possíveis respostas:

Ristorante
Menu
Antipasti
Bruschetta
Primi piatti
Spaghetti al pomodoro
Secondi piatti
Pollo arrosto
Contorni
Insalata mista
Dolci
Gelato
Bevande
Acqua
Vino

Lição 7
Atividade A 1 Buon appetito.; 2 Il conto, per favore.; 3 È molto buono.; 4 Posso vedere la carta dei vini?

Atividade B 1 b; 2 a; 3 b; 4 a

Sua vez As respostas poderão variar.

Lição 8
Atividade A 1 vuole; 2 vogliamo; 3 vogliono; 4 vuoi

Atividade B
1 Voglio il pollo; 2 Non voglio il formaggio; 3 Voglio il pesce; 4 Non voglio la pasta; 5 Voglio la torta; 6 Non voglio le verdure.

Sua vez
As respostas poderão variar.

Revisão
Atividade A

A pranzo (volere)
1 Voglio; 2 Vuoi; 3 Vuole; 4 Vogliamo; 5 Volete; 6 Vogliono
A cena (preferire)
1 Preferisco; 2 Preferisci; 3 Preferisce; 4 Preferiamo; 5 Preferite; 6 Preferiscono

Atividade B

Trattoria Italia
Menu
Antipasti
Bruschetta
Primi
Risotto al funghi
Secondi
Pollo arrosto
Pesce alla griglia
Dolci
Tiramisù
Torta al cioccolato

Atividade C

Mario Ho fame.
Lucia Che cosa vuoi mangiare?
Mario Vorrei del pesce.
Lucia Andiamo a cena.

No carro
Mario Dov'è il ristorante?
Lucia È là.

No restaurante, antes de comer
Lucia Che vuoi come primo?
Mario Vorrei la pasta.

No restaurante, depois de comer
Lucia Cameriere, il conto, per favore.

Respostas das atividades

Unidade 6 Lição 1

Atividade A
1 c; 2 d; 3 b; 4 a

Atividade B

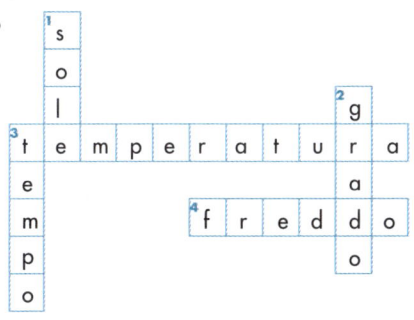

```
      ¹S
      O
      L              ²G
   ³T E M P E R A T U R A
      E              A
      M       ⁴F R E D D O
      P              O
      O
```

Lição 2

Atividade A
Che tempo fa in Svizzera?; Fa freddo e è nuvoloso.; Qual è la temperatura?; Ci sono dieci gradi.; Davvero? Qui fa caldo. È umido.

Atividade B
1 a; 2 b; 3 b; 4 b

Atividade C
1 c; 2 b; 3 a; 4 d

Lição 3

Atividade A

Qual è la temperatura?	Che tempo fa?
35°C	Fa caldo.
6°C	Fa bel tempo.
32°F	Fa freddo.

Atividade B   1 b; 2 d; 3 a; 4 c

Atividade C   1 a; 2 a; 3 b

Lição 4

Atividade A
1 la bella ragazza; 2 il piccolo cane; 3 la macchina rossa; 4 il ragazzo americano; 5 la tavola rotonda

Atividade B
1 a; 2 a; 3 b; 4 b

Sua vez   As respostas poderão variar.

Lição 5

Atividade A
attività in estate: giocare a calcio; nuotare; correre
vestiti in inverno: cappotto; guanti; sciarpa

Atividade B
1 joga futebol; 2 inverno; 3 inverno; 4 Itália, 33

Lição 6

Atividade A   As respostas poderão variar entre è divertente e è noioso.

Atividade B   1 Che sta facendo?; 2 Che fa di solito?; 3 Durante l'inverno di solito (viaggio, etc). 4 Ha ragione.

Sua vez   As respostas poderão variar. Possíveis respostas:
Andare al mare è divertente.; 2 Fare le pulizie è noioso.; 3 Giocare a calcio è divertente.; 4 Fare ginnastica è noioso.

Lição 7

Atividade A   1 i guanti; 2 il cappotto; 3 la maglietta

Atividade B   1 l'autunno; 2 la primavera; 3 l'inverno; 4 l'estate

Atividade C   1 giacca; 2 guanti; 3 maglietta; 4 pantaloncini

Lição 8

Atividade A   1 Io sto viaggiando, tu stai viaggiando, Lei, lui/lei sta viaggiando, noi stiamo viaggiando, voi state viaggiando, loro stanno viaggiando

Atividade B
1 Io sto viaggiando.; 2 Lui sta giocando.; 3 Loro stanno correndo.; 4 Tu stai nuotando.

Atividade C   1 Maria gioca a calcio.; 2 Noi giochiamo a calcio.; 3 Io gioco a calcio.; 4 Tu giochi a calcio.

Atividade D
1 Gioco a pallavolo.; 2 Gioco a golf.; 3 Gioco a carte.; 4 Gioco a calcio.

Revisão

Atividade A   1 Io sto studiando.; 2 Lui sta correndo.; 3 Noi stiamo partendo.; 4 Sta piovendo.; 5 Lei sta nuotando.

Atividade B   1 La macchina blu.; 2 Una bella casa.; 3 Un giovane ragazzo.; 4 Un uomo italiano.; 5 Un cappotto caro.

Atividade C

```
B P E V Z L Z S C S H N W Y J
X C L A C H A Q U E T E W V V
Q P Y C X Q Z M K D Y V P Y C
E D S L A P R I M A V E R A E
R E O B M N A B R Z E K P E S
E D L F L M S V L E A D O I T
V A E A T E M P E R A T U R A
O Q Z Z Q G A L Q N W P E H T
I Z E T A C A L I D T D L L E
P I J U G A R C A L D O J K W
B K V F Z R H V R E P J U O D
S Q W R J P K A P P J R N Y U
I T O D D E R F D B X L Q X N
```

Atividade D
1 Sta nevicando.; 2 Fa freddo.; 3 C'è vento.

Desafio
Gioco a calcio quando sta piovendo.

Respostas das atividades

Unidade 7 Lição 1

Atividade A
1 c; 2 b; 3 b

Atividade B
1 a; 2 b; 3 a

Lição 2

Atividade A
1 a; 2 a; 3 b; 4 a

Atividade B
1 Sto cercando un vestito.; 2 Porto la (taglia) M.; 3 Vorrei comprare una gonna.; 4 Porto la S.

Lição 3

Atividade A
1 il maglione; 2 i pantaloni; 3 il vestito; 4 la camicia; la gonna

Atividade B
1 a; 2 a; 3 a; 4 a

Lição 4

Atividade A
1 si; 2 ci; 3 si; 4 ti

Atividade B
1 vestono; 2 vesti; 3 vesto; 4 veste; 5 vestiamo

Sua vez

alzo	lavo	sveglio	metto
alzi	lavi	svegli	metti
alza	lava	sveglia	mette
alza	lava	sveglia	mette
alziamo	laviamo	svegliamo	mettiamo
alzate	lavate	svegliate	mettete
alzano	lavano	svegliano	mettono

Lição 5

Atividade A
1 b; 2 a; 3 a; 4 b

Atividade B
1 b; 2 b; 3 a; 4 a

Lição 6

Atividade A
1 Accetta il bancomat?; 2 Quanto costa la gonna?; 3 Accetta assegni?; 4 Vorrei pagare con la carta di credito; 5 Quanto costano i pantaloni?

Atividade B
1 care; 2 cara; 3 poco; 4 molto

Lição 7

Atividade A
1 assegno; 2 il bancomat; 3 lo scontrino; 4 soldi

Atividade B
Ho 500 euro in contanti nel mio portafoglio. Ho anche una carta di credito. Voglio comprare molti vestiti perché il cambio è favorevole.

Lição 8

Atividade A
1 più della; 2 più del; 3 meno del; 4 meno dei

Atividade B
1 Qualcuno; 2 Nessuno; qualcosa

Revisão

Atividade A
1 Mi; 2 si; 3 Ci; 4 Ti

Desafio

io	mi	diverto
tu	ti	diverti
Lei	si	diverte
lui/lei	si	diverte
noi	ci	divertiamo
voi	vi	divertite
loro	si	divertono

Atividade B
1 La camicia costa più della gonna. La gonna costa meno della camicia.; 2 I calzini costa nomeno del vestito. Il vestito costa più dei calzini.; 3 Il maglione costa meno delle scarpe. Le scarpe costano più del maglione. 4 I pantaloni costano meno della cravatta. La cravatta costa più dei pantaloni.

Atividade C

¹l	o	s	c	o	n	t	r	²i	n	o		
a							p					
s			³i	c	o	n	t	a	n	t	i	⁴i
		⁵l				n						l
		a				t						r
		g			⁶	a	s	s	e	g	n	o
		o				l						s
		n				o						a
		n				n						
	⁷l	a	c	a	m	i	c	i	a			

Respostas das atividades

Unidade 8 Lição 1

Atividade A

1 chegar; 2 pegar; 3 andar

Atividade B

1 Alla stazione Termini; 2 Al Colosseo; 3 Possono prendere l'autobus, la metropolitana o andare a piedi; 4 Perché vuole sapere dove sono le vie e le chiese.

Lição 2

Atividade A

1 la biblioteca; la stazione della metropolitana; 3 la scuola; 4 la chiesa; 5 la stazione (ferroviaria); 6 la fermata dell'autobus; 7 la posta/l'ufficio postale; 8 il supermercato

Atividade B

1 b; 2 b; 3 a; 4 b

Lição 3

Atividade A

1 Voglio prendere l'autobus. Come faccio ad arrivare alla fermata dell'autobus?; 2 Voglio prendere il treno. Come faccio ad arrivare alla stazione (ferroviaria)?; 3 Voglio prendere la metropolitana. Come faccio ad arrivare alla stazione della metropolitana?

Atividade B

1 Dov'è la stazione (ferroviaria)?; 2 Come faccio ad arrivare alla stazione della metropolitana?; 3 La stazione (ferroviaria) è vicino alla scuola.; 4 Prendiamo una cartina!

Atividade C

Per arrivare a Piazza Garibaldi deve andare alla fermata dell'autobus e prendere l'autobus numero nove.; 2 Per arrivare alla chiesa deve prendere il treno.

Sua vez

Scusi, devo andare alla fermata dell'autobus. Dov'è e come faccio ad arrivare là? Molte grazie.

Lição 4

Atividade A

1 vanno; 2 va; 3 andiamo; 4 vai

Atividade B

1 al; 2 alla; 3 all'; 4 al; 5 allo

Atividade C

1 Loro vanno al supermercato.; 2 Possíveis respostas: Lui/lei va alla stazione (ferroviaria). Noi andiamo alla stazione.; 3 Loro vanno a scuola.; 4 Possíveis respostas: Io vado in chiesa. Voi andate in chiesa.

Lição 5

Atividade A

1 b; 2 b; 3 b; 4 a

Atividade B

17:30; 8:00

Lição 6

Atividade A

1 b; 2 d; 3 e; 4 c; 5 a

Atividade B

1 a; 2 a; 3 b; 4 b

Lição 7

Atividade A

1 Il volo parte alle 12:30.; 2 Qual è l'uscita?; 3 Quanto costa il biglietto?; 4 Ci vediamo in albergo.

Atividade B

1 a; 2 a; 3 b

Atividade C

1 Il prossimo volo per Roma parte alle 16:15.; 2 I voli per Catania e Venezia.

Sua vez

Il volo 1699, diretto a Milano, parte alle 10:23 e arriva alle 13:30.

Lição 8

Atividade A

1 sa; 2 conosciamo; 3 sanno; 4 conosco; 5 sai; 6 conosce

Atividade B

1 Io la mangio.; 2 Lei lo studia.; 3 Tu le conosci.; 4 Loro li prendono.

Sua vez

1 La conosco.; 2 Li conosco.; 3 Lo conosco.; 4 Lo conosco.

Revisão

Atividade A

Cara Carla,
Sono a Venezia con mia madre. Domani andiamo a Verona. Sai dov'è Verona? Verona è molto bella. Mia madre la conosce bene. Poi andiamo a Roma sabato.
Un abbraccio,
Mario

Atividade B

Vado; Il mio volo parte alle; all'aeroporto; biglietto; i bagagli e il passaporto; una stazione; vicino al; dietro una chiesa; voglio prendere la metropolitana

Atividade C

Alfonso	Dov'è l'ufficio postale?
Stefania	Prendiamo una cartina!
Alfonso	Guarda la cartina. L'ufficio postale è a destra della biblioteca.
Stefania	Sì, è anche dietro il supermercato.
Alfonso	Questa è la fermata dell'autobus.
Stefania	Ecco l'autobus. Lo prendiamo?

Desafio

io so; tu sai; Lei sa; lui/lei sa; noi sappiamo; voi sapete; loro sanno

Respostas das atividades

Unidade 9 Lição 1

Atividade A 1 b; 2 b; 3 a; 4 a

Atividade B 1 ha lavorato; 2 ha scritto; 3 cultura; 4 inizia

Lição 2

Atividade A

classe; Il professore; studenti; giornalista; rivista; studentessa

Atividade B

1 a la studentessa; b lo studente; c il professore
2 a l'ufficio; b il giornalista; c la giornalista

Lição 3

Atividade A

1 il professore; 2 la giornalista; 3 voglio fare la giornalista; 4 voglio fare la professoressa

Atividade B

1 Che cosa vuole fare?; 2 Voglio fare il professore.; 3 Qual è la sua professione?; 4 Faccio il giornalista.

Sua vez   As respostas poderão variar. Possíveis respostas:
Buon giorno, mi chiamo Luca e faccio il giornalista. Qual è la sua professione? Faccio la professoressa. Io voglio fare il regista.

Lição 4

Atividade A 1 hai lavorato; 2 abbiamo venduto; ho spedito; 4 hanno lavorato

Atividade B

1 Io ho lavorato in un ufficio.; 2 Tu hai venduto i vestiti; 3 Lei ha mangiato il pollo; 4 Voi avete finito i compiti; 5 Mary ha imparato l'italiano.; 6 Noi abbiamo spedito molte cartoline dall'Italia.

Lição 5

Atividade A 1 revisor de textos; 2 2007; 3 Banca Nazionale; 4 alguns artigos.

Sua vez   scritto

Lição 6

Atividade A 1 c; 2 a; 3 b; 4 b

Atividade B

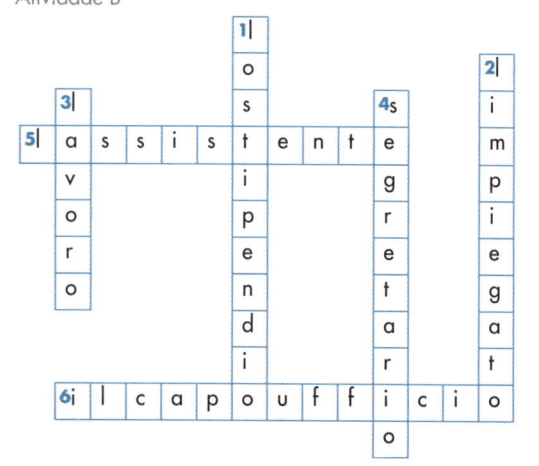

Sua vez

As respostas poderão variar. Possíveis respostas: Ho cinque impiegati: due assistenti e tre segretari. Lo stipendio è di 1200 euro al mese.

Lição 7

Atividade A

As respostas poderão variar.
1 più difficile; 2 più facile; 3 più facile; 4 più difficile

Atividade B

1 Perché vuole fare il giornalista?; 2 Mi piace aiutare.; 3 Per quanto tempo ha lavorato là?; 4 Ho lavorato là per due anni.

Lição 8

Atividade A

1 ho visto; 2 abbiamo letto; 3 ha bevuto; 4 hanno scritto; 5 hai fatto

Atividade B

1 conclusa; 2 non conclusa; 3 conclusa; 4 non conclusa

Sua vez   As respostas poderão variar. Possível resposta:
Studio l'italiano da tre mesi.

Revisão

Atividade A

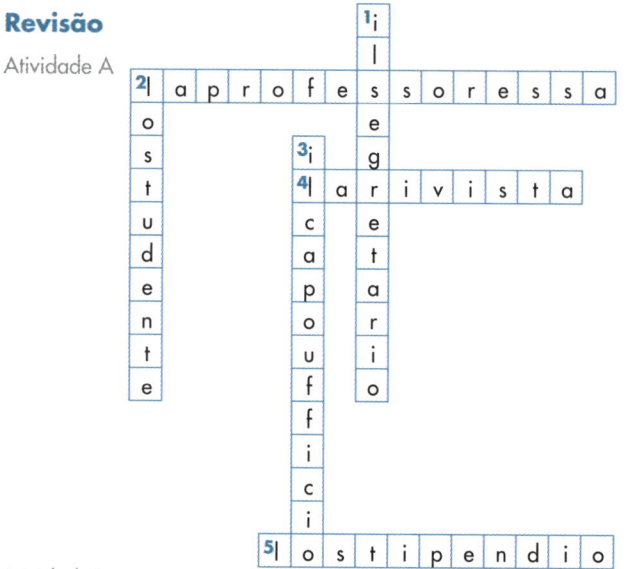

Atividade B

1 Quando avete lavorato? Noi abbiamo lavorato ieri.;
2 Quando hai letto il libro? Io ho letto il libro il mese scorso.
3 Perché non ha mangiato la pasta? Lei non ha mangiato la pasta perché non le piace.

Atividade C

1 aperto; 2 risposto; 3 detto; 4 preso; 5 visto

Atividade D

1 Che cosa avete mangiato ieri?; 2 Studio l'italiano da due anni.; 3 L'anno scorso ho scritto un articolo per *La Repubblica*.; 4 Io e Laura abbiamo fatto molte cose.

Desafio   policial; arquiteto

Respostas das atividades

Unidade 10 Lição 1

Atividade A 1 b; 2 a; 3 b; 4 b

Atividade B

1 Sì, l'aiuta.; 2 Non vuole spolverare.; 3 Vuole sistemare l'armadio.; 4 Dice che possono pulire e imbiancare insieme.

Lição 2

Atividade A

As respostas poderão variar. Possíveis respostas:

Amico Abiti in una casa o in un appartamento?
Io Abito in una casa.
Amico Quante camere/stanze ci sono?
Io Ci sono quattro camere/stanze.
Amico Quali sono le camere/stanze più grandi?
Io Le camere più grandi sono la camera da letto e il soggiorno.

Atividade B

1 il soggiorno; 2 la cucina; 3 la camera da letto; 4 il bagno; 5 la sala da pranzo; 6 l'armadio

Lição 3

Atividade A

1 Puoi aiutarmi?; 2 No, non posso aiutarti.; 3 Cosa vuoi che faccia?; 4 Subito.

Atividade B

1 Puoi aiutarmi?; 2 Sì, posso aiutarti. Cosa vuoi che faccia?; 3 Sistema i vestiti!; 4 Subito.

Lição 4

Atividade A

1 Imbianca la stanza!; 2 Sistema l'armadio!; 3 Pulite il pavimento!

Atividade B

1 Puoi; 2 puoi; 3 potete

Lição 5

Atividade A

1 a; 2 b; 3 a; 4 b

Atividade B

1 È stata una bella settimana.; 2 Sono stati a un concerto di musica rock.; 3 È andata in discoteca.; 4 È andata con il suo ragazzo.

Atividade C

1 È stata a un concerto di musica rock.; 2 È andata a comprare dei vestiti con sua madre.; 3 È andata in discoteca con il suo ragazzo.

Lição 6

Atividade A

1 discoteca; 2 cinema; 3 teatro; 4 concerto

Atividade B

1 ieri; 2 l'altro ieri; 3 la settimana scorsa; 4 ieri sera

Atividade C

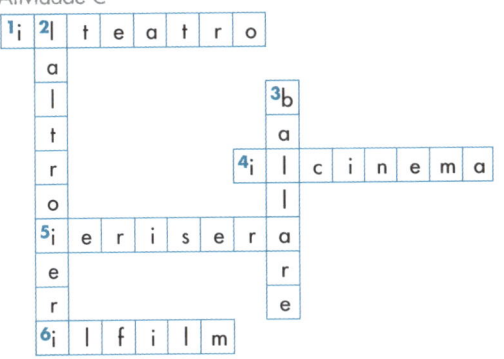

(palavras cruzadas)
1 il teatro; 2 l'altro ieri; 3 ballare; 4 il cinema; 5 ieri sera; 6 il film

Lição 7

Atividade A 1 Che cosa hai fatto la settimana scorsa?; 2 Che cosa vuoi fare?; 3 Voglio uscire.; 4 Voglio stare a casa.

Atividade B

1 **Roberto** Che cosa vuoi fare stasera?
2 **Silvia** Voglio stare a casa stasera.
3 **Roberto** Ma io voglio uscire di casa. Vuoi andare a ballare?
4 **Silvia** Sono andata a ballare con i miei amici ieri.
5 **Roberto** Andiamo al cinema?
6 **Silvia** Sono andata al cinema ieri sera.
7 **Roberto** Va bene, stiamo a casa stasera.
Roberto decide di stare a casa stasera.

Sua vez As respostas poderão variar. Possíveis respostas: Stasera voglio stare a casa e vedere un film.

Lição 8

Atividade A 1 è andata; 2 è stato; 3 sono nate; 4 rimasti/e

Atividade B 1 sono rimasto/a; 2 è nato; 3 sono andate; 4 sono venuti

Atividade C 1 Eu fiquei em casa ontem.; 2 Meu avô nasceu em 2 de junho de 1930.; 3 Giulia e Paola foram ao cinema ontem à noite.; 4 Marcello e Luigi me visitaram/me encontraram depois da aula.

Sua vez As respostas poderão variar. Possíveis respostas: Sono nato/a negli Brasile. Ieri sera sono andato/a al cinema.

Revisão

Atividade A 1 bagno; 2 film; 3 ballare; 4 imbiancare; 5 cucina

Atividade B 1 b; 2 a; 3 b; 4 a

Atividade C 1 Oggi sono rimasto/a a casa.; 2 Sei andato/a al cinema dopo cena?; 3 Silvia e Paola sono andate al supermercato.; 4 Paola è stata in Italia.

Atividade D 1 Aiuta la mamma in cucina!; 2 Sistemate la vostra camera!; 3 Prenda le cose da terra!; 4 Imbianchiamo la camera!

Desafio As respostas poderão variar.

Respostas das atividades

Unidade 11 Lição 1

Atividade A

1 a; 2 b; 3 b; 4 b

Atividade B

1 a; 2 b; 3 a

Atividade C

Ciao Maria. Voglio giocare lunedì. Va bene?

Lição 2

Atividade A

1 il nuoto; 2 il tennis; 3 il calcio; 4 il ciclismo

Atividade B

1 la palestra; 2 peso; 3 grasso; 4 magra, sana; 5 stressato/stressata; 6 malato

Atividade C

1 b; 2 a; 3 b; 4 b

Lição 3

Atividade A

1 Mi sento bene.; 2 Voglio essere in forma.; 3 Come si sente?; 4 Voglio perdere peso.

Atividade B

1 a; 2 a; 3 b; 4 b; 5 b

Sua vez As respostas poderão variar. Possível resposta:

Mi sento bene. Sono in forma.

Lição 4

Atividade A

1 Lui scriverà.; 2 Io ballerò.; 3 Loro studieranno.; 4 Noi partiremo.; 5 Tu conoscerai.; 6 Voi correrete.

Atividade B

2 Quando studierete per l'esame?; 3 Dove correrai?; 4 Dove ballerete?; 5 Quando pulirai la tua stanza?; 6 Che cosa scriverà Luisa?

Sua vez

Pioverà.; Loro cucineranno.; 3 Lui pulirà.; 4 Lei scriverà.

Lição 5

Atividade A   1 a; 2 a; 3 b; 4 a

Atividade B   1 b; 2 b; 3 a; 4 b; 5 a

Atividade C

La medicina per il raffreddore combatte la febbre e la tosse e la medicina per la tosse combatte il mal di gola. La medicina per la tosse allevia la febbre e la medicina per il raffreddore allevia il mal di testa.

Lição 6

Atividade A

1 b; 2 b; 3 a; 4 a; 5 b

Atividade B

1 Lui ha mal di pancia.; 2 Lei ha il raffreddore.; 3 Lui ha mal di testa.; 4 Lei ha mal di denti.

Sua vez

As respostas poderão variar. Possíveis respostas: Lui ha la febbre. Ha bisogno della medicina per il raffreddore e della medicina per la tosse.

Lição 7

Atividade A

1 Mi fa male la mano.; 2 Le fa male la schiena.; 3 Mi fanno male i piedi.; 4 Gli fa male il braccio.

Atividade B

As respostas poderão variar. Possíveis respostas: Sono malata. Ho la febbre. Ho mal di testa e mi fa male la schiena.

Atividade C

As respostas poderão variar. Possíveis respostas: Laura ha la febbre. Ha mal di testa e le fa male la schiena. Ha bisogno di una medicina per il raffreddore e il dottore scrive una ricetta.

Lição 8

Atividade A

As respostas poderão variar.

Atividade B

1 Gioco a pallavolo qualche volta.; 2 Vado sempre in palestra.; 3 Di solito sono stressato/stressata.; 4 Gioco a tennis una volta alla settimana. 5 Non vado mai dal dottore.; 6 Corro ogni giorno.

Atividade C

1 Va sempre in Italia a luglio?; 2 Viaggia durante l'estate di solito?; 3 Pranza a casa ogni giorno Massimo?

Sua vez

As respostas poderão variar.

Revisão

Atividade A

Mi sento bene.; Non ho mai mal di testa.; Non andrò dal dentista.; Ho mal di pancia.; Non voglio andare dal dottore.; Faccio ginnastica perché voglio perdere peso.

Atividade B

1 Mi fa male la testa.; 2 Mi fa male il braccio.; 3 Non vado mai in palestra.; 4 Teresa corre sempre nel parco.; 5 Laura cucinerà domani.; 6 Mi fanno male i piedi.

Atividade C

1 ciclismo; 2 tennis; 3 mal di testa; 4 medicina; 5 febbre; 6 dentista

Desafio

As respostas poderão variar. Possíveis respostas:
Domani cucinerà mio figlio.
Di solito vado al cinema.
Partirò per l'Italia.

Créditos das fotos

Miolo

p. 10: (TR) © Jason Stitt 2008/Shutterstock, Inc., (RC) © Jason Stitt 2008/ Shutterstock,Inc., (BR) © Edyta Pawlowska 2008/Shutterstock, Inc., (TL) © Orange Line Media2008/Shutterstock, Inc., **p. 11:** (TR) © Yuri Arcurs 2008/Shutterstock, Inc., (TRC) ©Dmitriy Shironosov 2008/Shutterstock, Inc., (BRC) © 2008 Jupiter Images, Inc., (BR)© 2008 Jupiter Images, Inc., **p. 12:** (TL) © Raia 2008/ Shutterstock, Inc., (B, Bkgrd)© Lars Christensen 2008/Shutterstock, Inc., (BL, Inset) © Awe Inspiring Images2008/Shutterstock, Inc., (BLC, Inset) © Alhovik 2010/ Shutterstock, Inc., (BRC,Inset) © Alhovik 2010/Shutterstock, Inc., (BR, Inset) Kripke 2010/Shutterstock, Inc., (TR)© ZTS 2008/Shutterstock, Inc., **p. 13:** (TL) © Lisa F. Young 2008/Shutterstock, Inc., (TR) © 2008 Jupiter Images, Inc., (CL) © BobbyDeal 2008/Shutterstock, Inc., (CLC) © 2008Jupiter Images, Inc., (CRC) © Yuri Arcurs 2008/Shutterstock, Inc., (BLL) © 2008Jupiter Images, Inc., (BL) © Yuri Arcurs 2008/Shutterstock, Inc., (BLC) ©Konstantynov 2008/Shutterstock, Inc., (BR) © Andresr 2008/Shutterstock, Inc., **p.15:** (TL) © Sandra G 2008/Shutterstock, Inc., (TR) © Nayashkova Olga 2010/Shutterstock, Inc., (TRC) © Lukas Wroblewski 2008/Shutterstock, Inc., (CRT) © Tatiana Popova 2010/Shutterstock, Inc., (CRB) © Edyta Pawlowska 2008/Shutterstock, Inc., (BLT) © photobank.ch 2008/Shutterstock, Inc., (BLC) © Supri Suharjoto 2008/Shutterstock, Inc., (BL) © 2008 Jupiter Images, Inc., (BLB) © Niels Quist 2008/Shutterstock, Inc., (BRC) © Daniel Wiedemann 2008/Shutterstock, Inc., **p. 16:** (C) ©Raphael Ramirez Lee 2008/Shutterstock, Inc., (B) © Javier Larrea/Pixtal/AgeFotostock, **p. 17:** (T) © Yuri Arcurs 2008/ Shutterstock, Inc., (B) © DmitriyShironosov 2008/Shutterstock, Inc., **p. 18:** © Karl Weatherly 2010/Agefotostock, **p. 19:** (TL, Inset) © Pavel Sazonov 2008/ Shutterstock, Inc., (TLC, Inset) © PIXTAL. All rights reserved, (TRC, Inset) © Matt Ragen 2010/Shutterstock, Inc., (TR, Inset) © Khoroshunova Olga 2008/ Shutterstock, Inc., (BLL, Inset) © Jurijs Korjakins 2010/Shutterstock, Inc., (BL, Inset) © Danilo Ascione 2010/Shutterstock, Inc., (BRC, Inset) © Martina Ebel 2010/ Shutterstock, Inc., (BR, Inset) © Elena Elisseeva 2008/Shutterstock,Inc., (BR) © Kiselev Andrey Valerevich 2008/Shutterstock, Inc., **p. 20:** (TLL) © photobank.ch 2008/Shutterstock, Inc., (TLC)© Yuri Arcurs 2008/Shutterstock, Inc., (TLR) © vgstudio 2008/Shutterstock, Inc., (TR, Bkgrd) © iofoto 2008/Shutterstock, Inc., (TR, Inset) © Stacy Barnett 2008/Shutterstock, Inc., (CLL) © BESTWEB 2008/ Shutterstock, Inc., (CLC) © Lexx 2008/Shutterstock, Inc., (CLR) © Alexey Nikolaew 2008/Shutterstock, Inc., (B) © VibrantImage Studio 2008/Shutterstock, Inc., (BLL) © Vladimir Melnik 2008/Shutterstock,Inc., (BLC) © Denise Kappa 2008/ Shutterstock, Inc., (BLR) © Jurijs Korjakins 2010/Shutterstock, Inc., (BCL) © fckncg 2008/Shutterstock, Inc., (BCR) © Hannu Lilvaar2008/Shutterstock, Inc., (R, Bkgrd) © Arthur Eugene Preston 2008/Shutterstock, Inc., (LL, Inset) © Kristian Sekulic 2008/Shutterstock, Inc., (LC, Inset) © Sandy MayaMatzen 2008/Shutterstock, Inc., (C, Inset) © Galina Barskaya 2008/Shutterstock,Inc., (RC, Inset) © Rob Wilson 2008/Shutterstock, Inc., (RR, Inset) © Luminis 2008/Shutterstock, Inc., **p. 21:** (T) © Nagy-Bagoly Arpad 2008/Shutterstock, Inc., (L) ©Yuri Arcurs 2008/ Shutterstock, Inc., (CL) © Dmitriy Shironosov 2008/Shutterstock,Inc., (CRL) © Erik Lam 2008/Shutterstock, Inc., (CRC) © Suponev VladimirMihajlovich 2008/ Shutterstock, Inc., (CRR) © mlorenz 2008/Shutterstock, Inc., (B)© Vaclav Volrab 2008/Shutterstock, Inc., **p. 22:** (TL) © Andresr 2008/Shutterstock, Inc., (TR) © Ustyujanin 2008/Shutterstock, Inc., (CL) © Andrey Armyagov 2008/Shutterstock, Inc., (CRL) © MargoHarrison 2008/Shutterstock, Inc., (CR) © Yuri Arcurs 2008/ Shutterstock, Inc., (CRR)© Hannu Lilvaar 2008/Shutterstock, Inc., (CRB) © melkerw 2008/Shutterstock, Inc., (BL) © pandapaw 2008/Shutterstock, Inc., (BLC) © Rafa Irusta 2008/Shutterstock,Inc., (BR) © Kiselev Andrey Valerevich 2008/Shutterstock, Inc., **p. 23:** © SamDCruz 2008/Shutterstock, Inc., **p. 24:** (TL) © Scott Waldron 2008/Shutterstock, Inc., (BR) © Jason Stitt 2008/Shutterstock, Inc., **p. 25:** (TL) © 2008 Jupiter Images, Inc., (TR) © J2008 upiter Images, Inc., (TRC) © J2008 upiter Images, Inc., (C) © DavidGilder 2008/Shutterstock, Inc., (BL) © Andy Lim 2008/ Shutterstock, Inc., (BRC) ©J2008 upiter Images, Inc., (BR) © J2008 upiter Images, Inc., **p. 26:** (TL) © 2008Jupiter Images, Inc., (TR) © Monkey Business Images 2008/Shutterstock, Inc., (RC) ©Andrejs Pidjass 2008/Shutterstock, Inc., (BR) © Donna Heatfield 2008/Shutterstock,Inc., **p. 27:** (TL) © Nick Stubbs 2008/ Shutterstock, Inc., (TLC) © Daniela Mangiuca2008/Shutterstock, Inc., (TR) © Vladimir Mucibabic 2008/Shutterstock, Inc., (LCL) © Lexx 2010/Shutterstock, Inc., (LCR) © Lexx 2010/Shutterstock, Inc., (LC) © Philip Date 2008/Shutterstock, Inc., (BL) © Raia 2008/Shutterstock, Inc., **p. 28:** (T, Bkgrd) © yurok 2008/Shutterstock, Inc., (T, Inset) ©2008 Jupiter Images, Inc., (L, Inset) © Stephen Mcsweeny 2008/ Shutterstock, Inc., (R) © Steve Luker 2008/Shutterstock, Inc., (R, Inset) © Tatiana Strelkova 2008/Shutterstock, Inc., (C, Inset) © Michelle Marsan 2008/Shutterstock, Inc., (CR) ©MaxFX 2008/Shutterstock, Inc., (BC) © MaxFX 2008/Shutterstock, Inc., (BRC) ©Steve Luker 2008/Shutterstock, Inc., (BR) © Bart Everett 2008/ Shutterstock, Inc., **p.29:** (TL) © Andresr 2008/Shutterstock, Inc., (TR) © laurent hamels 2008/Shutterstock, Inc., (BR) © Fatini Zulnaidi 2008/Shutterstock, Inc., **p. 30:** (TL) ©Konstantin Remizov 2008/Shutterstock, Inc., **p. 31:** (TR) © Srdjan Nikolich 2010/Shutterstock, Inc., (TRC) © Jenn Mackenzie 2010/Shutterstock, Inc., (RC) © nikkytok 2010/Shutterstock, Inc., (BRC) © Stephen Coburn 2010/ Shutterstock, Inc., **p. 32:** (T) © Rafa Irusta 2008/Shutterstock, Inc., (TL) © GinaSanders 2008/Shutterstock, Inc., (TLC) © 2008 Jupiter Images, Inc., (TRC) © iofoto2008/Shutterstock, Inc., (TR) © Morgan Lane Photography 2008/ Shutterstock, Inc., (CL) © tinatka 2008/Shutterstock, Inc., (CR) © Elena Ray 2008/ Shutterstock, Inc., (BL) © George Dolgikh 2008/Shutterstock, Inc., (BC) © David Hyde 2008/Shutterstock, Inc., (BRC) © J. Helgason 2008/Shutterstock, Inc., (BR) © JulianRovagnati 2008/Shutterstock, Inc., **p. 34:** (TR) © Gelpi 2008/ Shutterstock, Inc., (RC)© 2008 Jupiter Images, Inc., (B) © Phil Date 2008/ Shutterstock, Inc., **p. 35:** (T) © © Imageshop.com, (TRC) © Simone van den Berg 2008/Shutterstock, Inc., (TR) © 2008 Jupiter Images, Inc., (BRC) © Edyta Pawlowska 2010/Shutterstock, Inc., (BR) © Kzenon 2010/Shutterstock, Inc., (BLC) © Tomasz Trojanowski 2008/Shutterstock, Inc., **p. 36:** (BL) © Mike Flippo 2008/ Shutterstock, Inc., (BR) © Pakhnyushcha2008/Shutterstock, Inc., **p. 37:** (T) © Christian Wheatley 2008/Shutterstock, Inc., (TL) © Simon Krzic 2008/Shutterstock, Inc., (TLC) © Edyta Pawlowska 2008/Shutterstock, Inc., (TC) © MWProductions 2008/Shutterstock, Inc., (TRC) © DusaleevViatcheslav 2008/Shutterstock, Inc., (TR) © Olga Lyubkina 2008/Shutterstock, Inc., **p. 38:** (CL) © Andresr 2008/ Shutterstock, Inc., (CR) © T-Design 2008/Shutterstock,Inc., (B) © Ivan Jelisavic 2008/Shutterstock, Inc., (BL) © Jason Stitt 2008/Shutterstock, Inc., (BR) © Dimitrije Paunovic 2008/Shutterstock, Inc., (Bkgrd) © khz2008/Shutterstock, Inc., **p. 39:** (TL) © Vibrant Image Studio 2008/Shutterstock, Inc., (TR) © Ersler Dmitry 2008/ Shutterstock, Inc., (TRC) © Jeanne Hatch 2008/Shutterstock, Inc., (L) © iofoto 2008/Shutterstock, Inc., (CL) © iofoto 2008/Shutterstock, Inc., (BL) © iofoto 2008/Shutterstock, Inc., (BRC) © Jaren Jai Wicklund2008/Shutterstock, Inc., (BR) © Adam Borkowski 2008/Shutterstock, Inc., **p. 40:** (TL)© Lisa F. Young 2008/ Shutterstock, Inc., (TRC) © Martin Valigursky 2008/Shutterstock, Inc., (TR) © Monkey Business Images 2008/Shutterstock, Inc., (RCT) ©Vibrant Image Studio 2008/Shutterstock, Inc., (RCB) © Monkey Business Images2008/Shutterstock, Inc., (R) © Sonya Etchison 2008/Shutterstock, Inc., (BRC) ©Denise Kappa 2008/ Shutterstock, Inc., (BR) © Monkey Business Images 2008/Shutterstock, Inc., **p. 41:** (TL) © Evgeny V. Kan 2008/Shutterstock, Inc., (TR) © CarmeBalcells 2008/ Shutterstock, Inc., (L) © Sandra G 2008/Shutterstock, Inc., (LC) ©Kurhan 2008/ Shutterstock, Inc., (RC) © Simon Krzic 2008/Shutterstock, Inc., (C) ©Konstantin Sutyagin 2008/Shutterstock, Inc., (R) © Carme Balcells 2008/Shutterstock, Inc., (BL) © Lexx 2008/Shutterstock, Inc., (BLC) © Allgord 2008/Shutterstock, Inc., (BRC) © Sandra G 2008/Shutterstock, Inc., (BR) © AndriyGoncharenko 2008/ Shutterstock, Inc., (BBL) © Dagmara Ponikiewska 2008/Shutterstock, Inc., (BBR) © KSR 2008/Shutterstock, Inc., **p. 42:** (TL) © Lisa F. Young2008/Shutterstock, Inc., (B) © Elena Ray 2008/Shutterstock, Inc., (BL) © Najin2008/Shutterstock, Inc., (BR) © Elena Ray 2008/Shutterstock, Inc., **p. 43:** (TL) ©Losevsky Pavel 2008/ Shutterstock, Inc., (TR) © Ustyujanin 2008/Shutterstock, Inc., (B) © Elena Ray 2008/Shutterstock, Inc., (BL) © Elena Ray 2008/Shutterstock, Inc., (BLC) © Vitezslav Halamka 2008/Shutterstock, Inc., (BRC) © Vitezslav Halamka2008/ Shutterstock, Inc., (BR) © Robin Mackenzie 2008/Shutterstock, Inc., **p. 44:** (TL)© Serghei Starus 2008/Shutterstock, Inc., (TLC) © Jurijs Korjakins 2010/Shutterstock, Inc., (BL) © Rui Vale de Sousa 2008/Shutterstock, Inc., (BLC) © Tonis Valing 2010/ Shutterstock, Inc., (BR) © 2008 Jupiter Images, Inc., **p. 45:** (TL) ©Monkey Business Images 2008/Shutterstock, Inc., (TR) © Sandra G 2008/Shutterstock, Inc., (BL) © Monkey Business Images 2008/Shutterstock, Inc., (BR) ©Konstantin Sutyagin 2008/Shutterstock, Inc., **p. 46:** (TL) © Sergey Rusakov 2008/Shutterstock, Inc., (TLC) © Joe Gough 2008/Shutterstock, Inc., (TR) © RexRover 2008/Shutterstock, Inc., (TRC) © Valentyn Volkov 2008/Shutterstock, Inc., (CR) © Rudchenko Liliia 2008/Shutterstock, Inc., (R) © imageZebra 2008/Shutterstock, Inc., (BL) © Ljupco Smokovski 2008/Shutterstock, Inc., (BLC) © Peter Polak 2008/Shutterstock, Inc., (BRC) © Edyta Pawlowska 2008/Shutterstock, Inc., (BR) © Edyta Pawlowska 2008/Shutterstock, Inc., **p. 47:** (TL) © Edyta Pawlowska 2008/Shutterstock, Inc., (TRC) © Dusan Zidar 2008/Shutterstock, Inc., (TR) © SupriSuharjoto 2008/ Shutterstock, Inc., (R) © Edw 2008/Shutterstock, Inc., (RC) ©Monkey Business Images 2008/Shutterstock, Inc., (BLC) © Nayashkova Olga 2010/Shutterstock, Inc., (BR) © 2008 Jupiter Images, Inc., **p. 48:** (TL) © Ana Blazic 2008/ Shutterstock, Inc., (TR) © Alexander Shalamov 2008/Shutterstock, Inc., (R) © Phil Date 2008/Shutterstock, Inc., (BR) © Dragan Trifunovic2008/Shutterstock, Inc., **p. 49:** (TL) © Steve Luker 2008/Shutterstock, Inc., **p. 50:** (TL) © 2008 Jupiter Images, Inc., (TLC)© Viktor1 2008/Shutterstock, Inc., (TRC) © a9photo 2010/ Shutterstock,Inc., (LC) © Anna Nizami 2008/Shutterstock, Inc., (B) © AndrejsPidjass 2008/Shutterstock, Inc., (BL) © Sarune Zurbaite 2008/Shutterstock, Inc., (BLC) © Bochkarev Photography 2008/Shutterstock, Inc., (BRC) © Liv Friis-Larsen2008/Shutterstock, Inc., (BR) © Kheng Guan Toh 2008/Shutterstock, Inc., **p. 51:** (TL)© Rene Jansa 2008/Shutterstock, Inc., (TRC) © Stephanie Frey 2010/Shutterstock, Inc., (TR) © Valentin Mosichev 2008/Shutterstock, Inc., (CR) © Olga Lyubkina 2008/Shutterstock, Inc., (R) © Joe Gough 2008/Shutterstock, Inc., (BL) © 2008 JupiterImages, Inc., (BRC) © Paul Maguire 2008/Shutterstock, Inc., (BR) © Viktor1 2008/Shutterstock, Inc., **p. 52:** (TL) © 2008 Jupiter Images, Inc., (BR) © Keith Wheatley 2008/Shutterstock, Inc., **p. 53:** (TL)© Lisa F. Young 2008/ Shutterstock, Inc., (BL) © David P. Smith 2008/Shutterstock,Inc., (BLC) © Dusan Zidar 2008/Shutterstock, Inc., (BRC) © David P. Smith 2008/Shutterstock, Inc., (BR) © Monkey Business Images 2008/Shutterstock, Inc., **p. 54:** (TL)© Stepanov 2008/Shutterstock, Inc., (TLC) © Ilker Canikligil 2008/Shutterstock, Inc., (CL) © Joe Gough 2008/Shutterstock, Inc., (CLC) © Bjorn Heller 2008/Shutterstock,Inc., (R) © Darren Baker 2008/Shutterstock, Inc., **p. 55:** (TL) © Konstantin Sutyagin2008/Shutterstock, Inc., (TLC) © Monkey Business Images 2008/ Shutterstock, Inc., (BC) © Mark Bond 2008/Shutterstock, Inc., (BRC) © Galyna Andrushko 2008/Shutterstock, Inc., (BR) © 2008 Jupiter Images, Inc., **p. 56:** (T) © Victor Burnside 2008/Shutterstock, Inc., (TL) © Marcel Mooij 2008/Shutterstock, Inc., (TR) © EkaterinaStarshaya 2008/Shutterstock, Inc., (TRC) © Zaporozchenko

Créditos das fotos

Yury 2008/Shutterstock,Inc., (L) © MaxFX 2008/Shutterstock, Inc., (LC) © Zoom Team 2008/Shutterstock,Inc., (BRC) © Ronald van der Beek 2008/Shutterstock, Inc., (BR) © Yakobchuk Vasyl2008/Shutterstock, Inc., **p. 57:** (TL) © Kruchankova Maya 2008/Shutterstock, Inc., (TR) © Yuri Arcurs 2008/Shutterstock, Inc., (TRC) © Stas Volik 2008/Shutterstock, Inc., (CB)© iofoto 2008/Shutterstock, Inc., (CT) © pdtnc 2008/Shutterstock, Inc., (R, Inset) © 2008 Jupiter Images, Inc., (R, Bkgrd) © Jeff Gynane 2008/Shutterstock, Inc., (BR) ©Andrey Armyagov 2008/Shutterstock, Inc., **p. 58:** (BRC) © Simone van den Berg 2008/Shutterstock, Inc., (BR) © Kiselev Andrey Valerevich 2010/Shutterstock, Inc., **p. 59:** (TL) © Val Thoermer 2008/Shutterstock, Inc., (BR) © Andresr 2008/Shutterstock, Inc., **p. 60:** (TL) © Ilike 2008/Shutterstock, Inc., (L) © 2008 JupiterImages, Inc., (LC) © Kiselev Andrey Valrevich 2008/Shutterstock, Inc., (BL) © AntonGvozdikov 2008/Shutterstock, Inc., (BLC) © Liv Friis-Larsen 2008/Shutterstock, Inc., **p. 61:** (T) © Anatoliy Samara 2008/Shutterstock, Inc., (TLC) © yuyuangc 2008/Shutterstock, Inc., (TRC) © Austra 2008/Shutterstock, Inc., (TR) © Michael Nguyen 2008/Shutterstock, Inc., (BL) © stocksnapp2008/Shutterstock, Inc., (BLC) © Robyn Mackenzie 2008/Shutterstock, Inc., (BRC) ©Andrew N. Ilyasov 2008/Shutterstock, Inc., (BR) © miskolin 2008/Shutterstock, Inc., **p. 62:** (TL) © hanzi 2008/Shutterstock, Inc., (TLC) © Andresr 2008/Shutterstock, Inc., (TRC) © NAtalia Siverina 2008/Shutterstock, Inc., (TR) © Lario Tus 2008/Shutterstock,Inc., (BL) © Valery Potapova 2008/Shutterstock, Inc., (BLC) © Kokhanchikov 2010/Shutterstock, Inc., (BRC) © Orange Line Media 2008/Shutterstock, Inc., (BR) © RodFerris 2008/Shutterstock, Inc., **p. 63:** (TR) © Doug Baines 2008/Shutterstock, Inc., (TRC) © Jan Martin Will 2008/Shutterstock, Inc., (RC) © , Perry Correll 2008/Shutterstock, Inc., (BRC, Inset) © Kokhanchikov 2008/Shutterstock, Inc., (BR) © Olly 2008/Shutterstock,Inc., **p. 64:** (TL) © Carlos E. Santa Maria 2008/Shutterstock, Inc., (RTL) © istihza2008/Shutterstock, Inc., (RT) © Andrey Armyagov 2008/Shutterstock, (RTR) ©Letova 2008/Shutterstock, Inc., (RCL) © Terekhov Igor 2008/Shutterstock, Inc., (RC) ©Terekhov Igor 2008/Shutterstock, Inc., (RCR) © Terekhov Igor 2008/Shutterstock, Inc., (RBL) © Letova 2008/Shutterstock, Inc., (RB) © Letova 2008/Shutterstock, Inc., (RBR)© istihza 2008/Shutterstock, Inc., (BL) © Gladskikh Tatiana 2008/Shutterstock, Inc., **p. 65:** (TL) © Andrey Armyagov 2008/Shutterstock, Inc., (BL) © Janos Gehring 2008/Shutterstock, Inc., **p. 66:** (TL) © Losevsky Pavel 2008/Shutterstock, Inc., (TLC) ©Apollofoto 2008/Shutterstock, (TC) © Yuri Arcurs 2008/Shutterstock, Inc., (TRC) ©Peter Gudella 2008/Shutterstock, Inc., (TR) © Andresr 2008/Shutterstock, Inc., Inc., (L) © Kurhan 2008/Shutterstock, Inc., (LC) © Andrew Lewis 2008/Shutterstock, Inc., (RC) © istihza 2008/Shutterstock, Inc., (BL) © Dario Sabljak 2008/Shutterstock, Inc., (BLC) © stocksnapp 2010/Shutterstock, Inc., (BRC) © Eleonora Kolomiyets2008/Shutterstock, Inc., (BR) © maxstockphoto 2008/Shutterstock, Inc., (BL) © GoodMoodPhoto 2010/Shutterstock, Inc., **p. 67:** © ChinKit Sen 2008/Shutterstock, Inc., **p. 68:** (LC) © Dmitriy Shironosov 2008/Shutterstock,Inc., (RC) © Mityukhin Oleg Petrovich 2008/Shutterstock, Inc., (BR) © European Central Bank, **p. 69:** (TL) © Stanislav Mikhalev 2008/Shutterstock, Inc., (TRC) © stocksnapp 2008/Shutterstock, Inc., (TR) © Ali Ender Birer 2008/Shutterstock, Inc., (BRC) © Olga&Elnur 2008/Shutterstock, Inc., (BR) © GoodMoodPhoto 2008/Shutterstock, Inc., **p. 70:** (TL) © Pazol 2008/Shutterstock, Inc., (TR) ©2008 Jupiter Images, Inc., (BL) © Jill Battaglia 2008/Shutterstock, Inc., (BR, Bkgrd) ©Andresr 2008/Shutterstock, Inc., (B) © Tomasz Trojanowski 2008/Shutterstock, Inc., (BR, Inset) © Rafael Ramirez Lee 2008/Shutterstock, Inc., **p. 71:** (TL) © Jason Stitt2008/Shutterstock, Inc., (BL) © stocksnapp 2010/Shutterstock, Inc., (BLC) ©Olexander Nerubayev 2008/Shutterstock, Inc., (BRC) © Tania Zbrodko 2010/Shutterstock, Inc., (BR) © Andrejs Pidjass 2008/Shutterstock, Inc., **p. 72:** (LTL) © VasinaNatalia 2008/Shutterstock, Inc., (LTLC) © Eleonora Kolomiyets 2008/Shutterstock, Inc., (LTRC) © Alexandr Makarov 2010/Shutterstock, Inc., (LTR) © Letova 2008/Shutterstock, Inc., (LBL) © Tania Zbrodko 2010/Shutterstock, Inc., (LBLC) © Serg64 2008/Shutterstock, Inc., (LBRC) © Baloncici 2008/Shutterstock, Inc., (LBR) © ultimathule 2008/Shutterstock,Inc., (RTL) © Oddphoto 2008/Shutterstock, Inc., RTLC) © Vasina Natalia 2008/Shutterstock, Inc., (RTR) © c. 2008/Shutterstock, Inc., (RBLC) © Stephen Bonk 2008/Shutterstock, Inc., (RBRC) © istihza 2008/Shutterstock, Inc., (RBR) © maxstockphoto 2010/Shutterstock, Inc., **p. 73:** (TL) © Factoria singular fotografia 2008/Shutterstock, Inc., (TR) © Jose Correia Marafona 2008/Shutterstock, Inc., (RC) © Junial Enterprises2008/Shutterstock, Inc., (BR) © Kristian Sekulic 2008/Shutterstock, Inc., **p. 74:** (TL) ©2008 Jupiter Images, Inc., (TLC) © 2008 Jupiter Images, Inc., (TRC) © 2008 JupiterImages, Inc., (TR) © 2008 Jupiter Images, Inc., (CL) © 2008 Jupiter Images, Inc., (C) ©2008 Jupiter Images, Inc., (CR) © 2008 Jupiter Images, Inc., (B) © Phil Date 2008/Shutterstock, Inc., (BL) © 2008 Jupiter Images, Inc., (BR) © 2008 Jupiter Images, Inc., **p. 75:** (TL) © Diego Cervo 2008/Shutterstock, Inc., (TC) © Vibrant Image Studio2008/Shutterstock, Inc., (C) © Mikael Damkier 2008/Shutterstock, Inc., (BC) © BlazKure 2008/Shutterstock, Inc., **p. 76:** (TL) © prism_68 2008/Shutterstock, Inc., (TRC) © Pinosub 2010/Shutterstock, Inc., (TR) © Losevsky Pavel 2008/Shutterstock, Inc., (RC) ©Elena Elisseeva 2008/Shutterstock, Inc., (BRC) © Russell Shively 2008/Shutterstock,Inc., (BR) © Pinosub 2010/Shutterstock, Inc., **p. 77:** © PIXTAL. All rights reserved, **p. 78:** (TLR) © Andresr 2008/Shutterstock, Inc., (TLL) ©LesPalenik 2008/Shutterstock, Inc., (TR) © Darryl Brooks 2008/Shutterstock, Inc., (TRC)© Danny Smythe 2008/Shutterstock, Inc., (CL) © dubassy 2008/Shutterstock, Inc., (RC) © Rob Wilson 2008/Shutterstock, Inc., (BRC) © vm 2008/Shutterstock, Inc., (BL)© Eduard Stelmakh 2008/Shutterstock, Inc., (BR) © kozvic49 2008/Shutterstock, Inc., **p. 79:** (TL) © Robert Paul van Beets 2008/Shutterstock, Inc., (R) © tkachuk 2008/Shutterstock, Inc., (BR) © VladimirMucibabic 2008/Shutterstock, Inc., **p. 80:** (TL) © 2008 Jupiter Images, Inc., (TR) © Simone van den Berg 2008/Shutterstock, Inc., (CR) © Howard Sandler 2008/Shutterstock, Inc., (BC) © Cristian Santinon 2010/Shutterstock, Inc., (BR) © Pinkcandy 2008/Shutterstock, Inc., **p. 82:** (TR) © Jose AS Reyes2008/Shutterstock, Inc., (L) © Zsolt Nyulaszi 2008/Shutterstock, Inc., **p. 83:** (TL) ©2008 Jupiter Images, Inc., (RC) © 2008 Jupiter Images, Inc., (BLC) © Darko Novakovic2008/Shutterstock, Inc., (BR) © 2008/Shutterstock, Inc., **p. 84:** (TL) © Janos Gehring2008/Shutterstock, Inc., (L) © 2008 Jupiter Images, Inc., (LC) © Monkey BusinessImages 2008/Shutterstock, Inc., (R) © Tatiana Popova 2008/Shutterstock, Inc., (BL) ©2008 Jupiter Images, Inc., (BLC) © Pedro Nogueira 2008/Shutterstock, Inc., (BRC) ©Netbritish 2008/Shutterstock, Inc., (BR) © Laser222 2008/Shutterstock, Inc., **p. 85:** ©2008 Jupiter Images, Inc., **p. 86:** (T) © khz 2008/Shutterstock, Inc., (B) © 2008Jupiter Images, Inc., **p. 87:** (TL) © 2008 Jupiter Images, Inc., (TR) © Rob Byron 2008/Shutterstock, Inc., **p. 88:** (TL) © 2008 Jupiter Images, Inc., (B) © 2008 Jupiter Images,Inc., (BL) © 2008 Jupiter Images, Inc., (BR) © 2008 Jupiter Images, Inc., **p. 89:** (TL) © Andresr 2010/Shutterstock, Inc., **p. 91:** (TL) © Kristian Sekulic 2008/Shutterstock, Inc., (TL) © Tyler Olson 2008/Shutterstock, Inc., **p. 92:** (TL) © Ingvald Kaldhussater 2008/Shutterstock, Inc., (TRC) © Sklep Spozywczy 2008/Shutterstock, Inc., (TR) © Kaulitz2008/Shutterstock, Inc., (RC) © Phase4Photography 2008/Shutterstock, Inc., ©Henrik Andersen 2008/Shutterstock, Inc., (B) © CG-CREATiVE 2008/Shutterstock, Inc., (BRC) © Semjonow Juri 2008/Shutterstock, Inc., (BRT) © CG-CREATiVE 2008/Shutterstock, Inc., (BRB) © Henrik Winther Andersen/Shutterstock, Inc., **p. 93:** (TL) © 2008 Jupiter Images, Inc., (T) © 2008Jupiter Images, Inc., (BRC) © 2008 Jupiter Images, Inc., (BR) © 2008 Jupiter Images,Inc., **p. 94:** (TL) © Tomasz Trojanowski 2008/Shutterstock, Inc., (BL) © Konstantynov 2008/Shutterstock, Inc., (TRC) Matka Wariatka 2008/Shutterstock, Inc., (TR) Pavel Losevsky 2008/Shutterstock, Inc., (TR, Background) Howard Sandler 2008/Shutterstock, Inc., (TRR) © Stephen Coburn 2010/Shutterstock, Inc. **p. 95:** (TL) ©Darren Baker 2008/Shutterstock, Inc., (L) © Elena Schweitzer 2008/Shutterstock, Inc., (BR) © Yuri Arcurs 2008/Shutterstock, Inc., **p. 96:** (TL) © Noah Galen 2008/Shutterstock, Inc., (L) © Yuri Arcurs 2010/Shutterstock, Inc., (LC) © 2008 Jupiter Images, Inc., (BL, Bkgrd) © Clara Natoli 2008/Shutterstock, Inc., (BL, Inset) ©2008 Jupiter Images, Inc., (BLC) © Alexandru 2008/Shutterstock, Inc., (BR) © MartinCzamanske 2008/Shutterstock, Inc., **p. 97:** (T) © Nadezhda Bolotina 2008/Shutterstock, Inc., (B) © Yuri Arcurs 2010/Shutterstock, Inc., **p. 98:** (T) © PatrickHermans 2008/Shutterstock, Inc., (TC) © Balcells Carme 2008/Shutterstock, Inc., (C) © 2008 Jupiter Images, (B) © Andresr 2008/Shutterstock, Inc, **p. 99:** (T) © Denis Babenko 2008/Shutterstock, Inc., (TC) © Jon Le-Bon 2008/Shutterstock, Inc., (C) © Yuri Arcurs 2008/Shutterstock, Inc., (B) © kotik1 2008/Shutterstock, Inc., (BC) © Orange Line Media 2008/Shutterstock, Inc., **p. 100:** (TL, Bkgrd) © adv 2008/Shutterstock, Inc., (TL, Inset) © 2008 Jupiter Images, Inc., (TRC) © Stefan Glebowski2008/Shutterstock, Inc., (TR) © Gareth Leung 2008/Shutterstock, Inc., (CL) ©Dragon_Fang 2008/Shutterstock, Inc., **p. 101:** (TL) © Stanislav Mikhalev 2008/Shutterstock, Inc., (L) © Lee Torrens 2008/Shutterstock, Inc., (LC) © 2008 JupiterImages, Inc., (BL) © 2008 Jupiter Images, Inc., (BLC) © Val Thoermer 2008/Shutterstock, Inc., (BR) © vgstudio/2008 Shutterstock, Inc **p. 102:** (L) © Andresr 2008/Shutterstock, Inc., (TLC) © 2008 Jupiter Images, Inc., (TRC) © Eric Gevaert 2008/Shutterstock, Inc., (TR) © Multiart 2008/Shutterstock, Inc., (RC) © aceshot1 2008/Shutterstock, Inc., (BC) © 2008 Jupiter Images, Inc., (BR) © Yuri Arcurs 2008/Shutterstock, Inc., **p. 103:** (TL) © Andresr 2010/Shutterstock, Inc., (TR) © iofoto 2008/Shutterstock, Inc., (TRC) © Noam Armonn 2010/Shutterstock, Inc., (BRC) © nikkytok 2010/Shutterstock, Inc., (BR) © Dragan Trifunovic 2008/Shutterstock, Inc., **p. 104:** (TL) © Photos by ryasick 2008/Shutterstock, Inc., (TR) © Charles Shapiro 2008/Shutterstock, Inc., (BL) © Diana Lundin 2008/Shutterstock, Inc., (BR) © Graham Andrew Reid 2010/Shutterstock, Inc., **p. 105:** (TL) © Lisa F. Young 2008/Shutterstock, Inc., (TC) © Diana Lundin 2008/Shutterstock, Inc., (TR) © Aleksandar Todorovic 2008/Shutterstock, Inc., (BRC) © 2008 Jupiter Images, Inc., (B) © Graham Andrew Reid2008/Shutterstock, Inc., **p. 106:** (TL) © Paul B. Moore 2008/Shutterstock, Inc., (TRC) © Monkey Business Images 2008/Shutterstock, Inc., (TR) © 2008 Jupiter Images, Inc., (BL) © Kameel4u 2008/Shutterstock, Inc., (BRC) © 2008 Jupiter Images,Inc., (BR) © 2008 Jupiter Images, Inc., **p. 107:** © vgstudio 2008/Shutterstock, Inc., **p. 108:** (T) © empipe 2008/Shutterstock, Inc., (TC) © Denis Pepin 2008/Shutterstock,Inc., (TCC) © Anna Dzondzua 2008/Shutterstock, Inc., (BCC) © Morgan LanePhotography 2008/Shutterstock, Inc., (BC) © 2008 Jupiter Images, Inc., (B) © Svemir2008/Shutterstock, Inc.

Notas

Notas

Notas

Notas

Notas

Notas